アドラー・セレクション

Adler Selection

生きる意味を求めて

Der Sinn des Lebens

アルフレッド・アドラー
Alfred Adler

岸見一郎［訳］
Ichiro Kishimi

アルテ

Alfred Adler
Der Sinn des Lebens

Fischer Taschenbuch Verlag, 1980 (Original: 1933)

序　言

私はこれまで精神病の場合は医師として、また、学校や家庭では、心理学者、教育者として、多くの人間を実例として観察する機会があった。私は、自分の体験から裏付け証明できることでなければ語らないということを、私にとっての厳格な課題としてきた。その際、他の人の先入見に基づいた考えと時に矛盾したことは、驚くにはあたらない。なぜなら、人間の運命について観察した私の方法に比べると、他の人の方法は徹底的なものではなかったからである。このようなことが起こった時、私は冷静に他の人の議論そのものを検証するよう努めた。私は厳格な規則や先入見に縛られているとは考えておらず、むしろ「すべてのものは、他のものでもありうる」という原則を信奉しているので、冷静な検証を行うことは、それだけいっそう容易だった。個人の一回性は、短い公式では把握することはできない。一般的な規則は、私が創始した個人心理学が立てたものでさえ、個人がそこに見出され、あるいは、見失われることのある視界を一時的に照らすための補助手段以上のものであってはならない。私は規則について、それは柔軟なものであって、微妙な差異に共感することを強調するたびに、人は最も早期の子ども時代には、自由な創造力を持っているが、その時代に早くも自分の人生のために固定した運動法則を採用すると、創造力は後の人生では制約されたものになるという確信を強めることになった。このような見解においては、子どもは、完全、完成、優越、あるいは、進化を自由に追求することを許されるのだが、環境と教育だけでなく、一般的なものであれ、制限されたものであれ、人間の生まれつきの能力の影響も、子どもが遊びの中でそれを使って自分のライフスタイルを築いていく素材と見なされるのである。

　さらに、別の確信が、私の念頭から離れなかった。子どものライフスタイルは、〈永遠の相の下に〉正しく築かれたならば、悪化して人生〔が課す試験〕に屈することはないということである。異なった課題が絶えず新たに次から次へと子どもに起こるが、その課題は、条件反射を用いることによっても、生まれつきの心の能力を用いても解決することはできない。条件反射や、生まれつきの心の能力しか持ち合わせていない子どもを、絶えず新しい問題を提起する世界の試練にさらすことは、最も危険な企てであろう。決して休むことのない創造的な精神には、絶えず最も大きな課題を解決することが残されている。このような精神は、無論、子どものライフスタイルの道を歩むことを強いられることになる。様々な心理学派が名づけたもの――本能、欲動、感情、思考、行為、快楽と不快への態度、さらに、自己愛と共同体感覚、これらすべても同じ道を歩む。ライフスタイルは、あらゆる表現様式を自由に用いる。全体は部分を自由に用いるのである。もしも失敗すれば、その失敗は、運動法則、ライフスタイルの究極目標の中にあるのであって、それの部分の表現の中にはない。

　第三の事実は、次のような洞察を私に与えた。精神生活におけるあらゆる見かけの因果律は、学説を機械的、あるいは、物理的な装いのものに作り上げようとする多くの心理学者の傾向に起因しているということである。上と下に動くポンプの動きにたとえられることもあれば、磁極のある磁石、また、基本的な欲求を求めて闘う、ひどく困窮した獣にたとえられることもある。しかし、当然のことながら、このような見方では、人間の精神生活が示す根本的な多様さを見ることは、ほとんどできない。物理学が、精神生活から因果関係という土台を奪い、それに代わって、出来事の進行における統計的な蓋然性を積極的に支持して以来、精神的な出来事において、因果関係を否定しているということで個人心理学を攻撃することも、おそらく、もはや真面目に取るには及ばないであろう。誤った行為の百万の多様さは、誤った行動として「理解される」が、因果的に理解することはできないことは、専門家でなくてもわかることであろう。

そこで多くの心理学者が、その上で騒ぎまわる絶対的な確実性という土台から正当に離れると、人間をはかることができる唯一の基準――即ち、避けることのできない人類の課題に直面した時の人間の動き――が残ることになる。人には必ず三つの課題が与えられる。仲間、仕事、愛への態度決定である。三つはすべて、最初のものによって、互いに結びついており、〔課題に直面するのは〕偶然ではなく、避けることはできない問いである。それらは、人間と人間社会、宇宙的要素、異性に対する関係から生じる。それらの問いを解くことが、人類の運命と幸福を意味する。人間は〔この〕人類の部分である。〔そこで〕人間の価値もまた、これらの問いを各人が解くことにかかっている。これらの問いは、解かなければならない数学の問題のように見なすことができる。誤ったライフスタイルを持った人を脅かす面倒は、その誤りが大きければ大きいほど、多くなる。このような面倒は、その人が共同体感覚を持っているかが吟味されない限りは、起こらないように見える。外生要因、即ち、協力と共同体感覚を要求する課題が間近に迫ることは、常に、誤った徴候――教育が困難であること、神経症と精神病、自殺、犯罪、嗜癖、性倒錯――を引き起こす要因である。

もしもこのようにして、〔他者と〕共生できないことが明らかになれば、いつ、どのようにして共同体感覚の発達は阻止されたかという問いが生じる。これは単に純粋に学問的な問いであるばかりでなく、治療にとって重要な問いである。十分な説明となりうる出来事を探求すれば、経験上、適切な発達を妨げることになった最も早期の子ども時代における状況にぶつかることになる。しかし、妨げになった状況を見出す時、子どもがその状況に誤って答えていることがいつも見られる。明らかになった状況を仔細に見ると、ある時は、正当な介入が誤って答えられ、別の時には、誤った干渉が誤って答えられ、さらに第三に――これはずっと稀なことであるが――誤った介入が誤りなく答えられたということがわかる。さらに、常に〔妨げを〕克服する方向に訓練されたが、それに対抗する印象が及ぼされても、一度選ばれた道を断念しなかったことがわかる。したがって、教育は、その範囲をどれほど広くしたとしても、好ましい影響を及ぼさせるだけでなく、子どもの創造力がその影響から形作ったものを確かめることを意味するのである。これは、後になって〔ライフスタイルが〕誤って形作られた時に、改善への道を開くためである。このよりよい道は、どんな場合も、協力と他者への関心を強めることである。

　子どもが自分の運動法則を見出すと、その中にリズム、気質、活動性、とりわけ、共同体感覚の程度が観察されなければならないのであるが（このような現象は、しばしば早くも二歳で、五歳までには確実に認められる）、子どもの他のすべての能力も、その独自な仕方で、この運動法則と結びつけられる。本書では、主として、その法則と結びついた統覚、即ち、人がどのように自分自身と外界を見るかということが考察される。いいかえれば、子どもが、そして後には大人が同じ方向で、自分自身と世界について獲得した考えが考察される。これらの考えも、調査される人の言葉と思考からは得られない。言葉や思考はあまりに運動法則に縛られているからである。運動法則は、克服することを目指し、したがって、自己批判においてすら、優越性を追求させるように見させるものである。より重要なことは、私が具体的にライフスタイルと呼んだ人生の全体は、十分な言葉も概念も持っていなかった時に、子どもによって形成されるという事実である。子どもの知性が発達すれば、決して言葉ではとらえることができない、したがって、批判しても反論のしようがなく、さらに経験による批判も免れている運動に成長する。しかし、私はここで抑圧された無意識のことをいっているのではない。問題になっているのは、理解されないもの、理解を免れているものである。しかし、人は自分のライフスタイルと、解決のためには共同体感覚を必要とする人生の課題に向かう〔時と同じ〕態度で、専門家に対して語っているのである。

さて、人が自分自身や外界の世界に関して、どのような考えを持つにいたったとしても、その考えは、人が人生においていかなる意味を見出すか、自分の人生にいかなる意味を与えているかということから、最もよく引き出すことができる。〔その際〕理想の共同体感覚、共生、協力、一体感とのあらゆる不一致を見て取れるということは、明らかである。

われわれは、今や人生の意味、生きる意味について少しでも知ること、この意味について様々な人が持つ考えを知ることにどんな重要性があるか、理解する用意がある。われわれの経験を超える人生の意味について、少なくともある程度信頼できる知識があれば、明らかにそれとは顕著に矛盾する人を正しくないということができる。

やがて見るように、私は控えめに、経験によって十分支持されると思える最初の部分的な成功を手に入れようとする。この仕事を引き受けるのは、しかも進んで引き受けるのは、人生の意味について、ある程度明白に知ることで、私の目指す方向で、さらなる探求のための科学的なプログラムが進むだけではなく、人生の意味をよりよく理解することで、それを受け入れる人がかなり増えるという希望があるからである。

目次

序言　3

第一章　自分自身と世界についての考え　15

ライフスタイルと考え　15　人生は事実そのままか　21

第二章　ライフスタイル探求の心理学的アプローチ　26

直感的アプローチ　26　哲学的アプローチ　28　科学的アプローチ　28　精神分析と
個人心理学　29　個人心理学はいかにパーソナリティとライフスタイルに近づくか　31
劣等コンプレックス・優越コンプレックス・共同体感覚　32

第三章　人生の課題　35

人生の課題に直面する　35　共同体感覚――子ども時代に始まる　37　甘やかされた
子ども　38　他に何が共同体感覚の発達を妨げるのか　41　家族関係　42　子ども
時代の病気　44　学校における共同体感覚　45　性の目覚め　46　交友　48　仕
事　48　愛・結婚・子ども　49　共同体感覚からの撤退　53　その他の共同体感覚
の試験　55

第四章　心身問題　57

進化論的観点　57　精神の均衡　60　心と身体の相互作用　61　症例　63

第五章　体格・運動・性格　71

人間の「形」への「科学的」思考　71　身体の形の意味　75　運動の意味　76

第六章　劣等コンプレックス　79

不十分であること――発達の欲求　79　子どもの成長における劣等感　81　攻撃　84
人間の進歩における共同体感覚の位置　85　犯罪行為　87　共同体感覚と感情の発達　88　共同体感覚欠如の結果　90　神経症と心身症的障害　91　個人の行動　93
劣等コンプレックス　94

第七章　優越コンプレックス　96

優越性コンプレックスの特徴（１）　96　優越性コンプレックスの社会的意味　97　優越性コンプレックスの特徴（２）　100　警告の言葉　100　さらなる考察　101

第八章　失敗のタイプ　105

タイプと個人　105　教育困難な子ども　106　神経症　108　自殺　109　犯罪傾向　111　嗜癖　115

第九章　甘やかされた人の非現実的な世界　119

子ども時代に始まる　119　どのケースも独自である　121　子ども時代の関係とライフスタイル　123　甘やかされた人の特徴　124

第十章　一体神経症とは何か　128

定義の問題　128　神経症と劣等感　130　神経症の症状の説明　132　神経症の原因と力動　137　夢　145　結論　146

第十一章　性的倒錯　149

様々な心理学的アプローチ　149　個人心理学のアプローチ　153　個人にとっての性倒錯の発達　155　証拠の解釈——症例　158　第一の夢　159　第二の夢　162　結論　163

第十二章　早期回想　164

私の統一　164　記憶とライフスタイル　165　フロイトは的を外す　173　症例　174

第十三章　子ども時代における社会的に障害となる状況とその排除　178

家族関係　178　子どもの病気　183　性教育　184　家族布置　185　単独子　187　第一子　187　第二子　190　末子　193　さらなる研究の領域　195

第十四章　白昼夢と夜の夢　197

ライフスタイルにおける空想の役割　197　創造性　198　空想と優越性の目標　201　夢の理解　203　夢についてのフロイト理論——批判　205　共同体感覚からの距離を保つ夢　209　夢のイメージにおけるメタファーと比喩　211　夢と人生の関係　213　フロイトの象徴主義についてのいくつかの観察　217

第十五章　人生の意味　220

宇宙と進化——人間の生の場　220　世界観としての個人心理学　224　共同体感覚——宇

宙との調和への道　227
付録　カウンセラーと患者　234
患者の第一印象　234
するべきこととしてはいけないこと　235
倫理問題　239
補足　243
解　説　245

生きる意味を求めて

第一章　自分自身と世界についての考え

ライフスタイルと考え

誰もが自分の能力と才能についてはっきりとした考えを持っているかのように、また、行為を始める最初からそれが困難なものであるか、容易なものであるかについてはっきりとわかっているかのように、人生においてふるまっているということは、私にとって疑いない。つまり、「人の行為はその人の考え（意味づけ）が創り出したものである」ということを確信しているのである。このことは驚くべきことではない。われわれは、感覚によって事実を受け取るのではなく、ただ外界についての主観的な印象、あるいは、反映を受け取ることができるだけだからである。「すべては考え（思わく）に依存している」。心理学の探求においてこのセネカの言葉を忘れてはならない。

人生の大きくて重要な出来事についてどのように考えるかは、われわれのライフスタイルに依存している。事実についてのわれわれの考えとの矛盾をあらわにするような事実に直接突き当たって初めて、直接的な体験において、少しだけ見解を訂正し、因果律の法則の作用をわれわれに及ぼせようとする傾向があるが、それでも、人生についての考えを〔根本的に〕変えることはない。

実際、今や毒蛇が〔本当に〕私の足元に近づいていようと、それが毒蛇である、とただ私が信じているだけであろうと、どちらでも私には大きな相違はないのである。

甘やかされた子どもは、母親が一人きりにすると、すぐ泥棒が侵入するのではないかと恐れる場合も、実際に家に泥棒が入ってくる場合も、不安を感じるという点では、どちらも同じである。いずれの場合も、たとえ不安をかきたてる根拠が否定されても、母親なしにはいることができないという考えを改めることはない。

自分の足元の床が揺れていると感じ、かつそう思っているので通りを歩くのを避ける広場恐怖症の人は、健康時に実際に足元の床が揺れる時とは違った仕方でふるまうことはできないであろう。

協力することに準備ができていないので、空き巣に入ることの方が簡単であると誤って考え、有用な仕事に就こうとしない泥棒は、仕事が泥棒よりも実際に困難である時も、同じように仕事に対して嫌悪の情を抱くだろう。

自殺する人は、人生には希望がないと仮定しているので、死の方が望ましい、と考える。そして、人生が実際に希望がない場合と同じようにふるまうだろう。

薬物中毒の人は、楽になることを、人生の課題を立派に解決することよりも価値が高いと考えて、薬を飲んで楽になるが、実際に薬が有効である場合と同じようにふるまうだろう。

同性愛の男性は、彼が恐れている女性は魅力がない、と思い、他方、征服すれば勝利することになると思っている男性が自分を魅惑する、と考える。

これらの人は皆、その都度、正しければ、行動も客観的に正しいと見えるようにさせる考えにしたがって行動しているのである。

次のようなケースを例に取ろう。三十六歳の弁護士が、自分の職業に対する興味をなくしてしまった。彼は成功せず、そのことを、自分のところに相談にくるわずかなクライエントに明らかに悪い印象を与えているということのせいにした。また、絶えず他の人と交わることがむずかしいと思い、とりわけ、女性に対しては、いつも非常におどおどしていた。非常にためらいながら、実際、拒否しつつも結婚したが、この結婚は、一年後に離婚という形で終わった。今は両親と共に全く世間から引きこもって暮らしており、両親が彼の世話の大部分をしなければならない。

彼は一人っ子であり、子どもと父親に、母親に信じられないほどに甘やかされた。母親はいつも彼のまわりにいたのである。母親は、子どもと父親に、息子がいつの日か非常に優れた人になるだろうと説得することに成功した。子どもの方も、その期待に応えて成長し、このことは学校での輝かしい成功によって証明されたかのように見えた。しかし、いかなる欲求も拒絶することのできない甘やかされた子どもによくあるように、マスターベーションの習慣が彼に対して恐ろしい支配力を持ち、すぐに彼の密かな誤りを知るところになった女の子たちの嘲笑の的になった。彼は女の子との交際をすっかり絶った。孤立してはいたが、愛と結婚に関する輝かしい空想にふけった。しかし、彼が引かれていると感じたのは、彼が完全に支配し、長い間、性的な欲求も結びつけた母親だけだった。このいわゆるエディプス・コンプレックスは、「根本的な事実」ではなくて、子どもを甘やかす母親の出来の悪い作品にすぎないということ、少年や青年が過度にうぬぼれている少女に裏切られた、と感じ、それがあらわになるのは、他の人と交われるようになるために必要な共同体感覚をわずかしか発達させなかった時であるということが、このケースから十分明らかに見て取ることができる。

学業を終える少し前に、自立して生計を立てるという課題に直面した時、うつ病になり、またもや退行を始めた。甘やかされた子どもが皆そうであるように、子どもの時には臆病で、見知らぬ人とは交わらなかったが、後には友人との交際まで絶つようになった。仕事からも同様に遠ざかっており、この状況は今日までほとんど変わることなく続いている。

私には以上の叙述で十分であり、それに付随する他の事実、即ち、彼が自分の退行を「保証した」「原因」、いい逃れ、他の病気の徴候については問題にしない。一つのことが明らかである。この男性は、生涯にわたって変わらなかったということである。いつも一番になりたいと思い、成功が疑わしい場合は、いつも撤退したのである。彼の人生についての考えは、次の定式で表現することができる。これを私は推測できるが、彼自身はわからない。即ち、「世界が私に勝利を収めさせないので、私は撤退する」。他人に勝利を収めることに自分の努力の目標を見たので、この点においては正しく知的に行為したことを否定することはできない。〔しかし〕彼が従った運動法則には「理性」も「コモンセンス」もなく、私が「私的知性」と呼んだものでしかない。たとえこの人生が、事実上誰に対してであれ、どんな価値も否定したとしても、依然として同じようにふるまうであろう。

次のケースもこれと同じように見える。ただし、表現形式が違い、先の場合ほど、他の人を排除する傾向は見られない。二十六歳の男性が、二人のきょうだいの第二子として育った。母親は、彼よりも兄をかわいがった。大いに嫉妬した彼は、兄の優れた行いに張り合おうとした。やがて母親と対立し、批判的な態度を取るようになった。そして、父親の方によりかかった（これはいつも子どもの人生の二番目の段階に起こる）。やがて母親への反感は、祖母と乳母の耐えがたい習慣の結果、あらゆる女性にまで広がっていった。

〔こうして〕女性には支配されることなく、他方、男性を支配するという彼の野心は、途方もなく膨らんでいった。そして、ありとあらゆる仕方で、兄が優れていることを阻止しようとした。〔しかし〕

体力でも運動でも狩りでも兄の方が勝っていたので、運動を嫌うようになった。既に女性を排除しかかっていたように、女性〔との関わり〕を活動の領域から排除した。何かをなしとげることは、勝利すると感じられた時にだけ、彼を引きつけた。

長い間、ある少女を愛し、思いを寄せていたが、遠くからだけだった。少女には、彼がこのように距離を取っていることが気に入らなかったことは、明らかだった。彼女は、彼を見限り、他の人を選んだ。彼は、兄が幸せな結婚生活を送っていたので、兄ほどは幸福にはなれないのではないか、と、またもや母親と過ごした子ども時代と同じような仕方で世界を見ることで、兄より劣った役割を果たすことになるのではないか、と恐れた。〔そこで〕兄の優越性に異議を唱えた。どのようにしたか、多くの例から一つの例をあげよう。ある時、兄が狩りから見事な狐の皮を持って帰ってきた。兄はそれを大いに誇った。〔そこで〕兄のこの勝利を無効にするために、密かに狐の白い尻尾の先を切ってしまったのである。

彼の性衝動は、女性を排除した後の、強いが、狭い活動領域を考慮すると、ただ一つの方向を取るしかなかった。同性愛者になったのである。人生の意味についての彼の考えを解読するのは、容易である。彼にとって人生は、「私は、着手する全てのことにおいて優越していなければならない」というものだったのである。そこで、この優越性を得て勝利することを信じられない、あらゆる行為を排除しようとした。同性愛の交わりにおいても、パートナーが、彼の魔法のような引きつける力のゆえに勝利を認めたということが、このケースを解明するわれわれの話の中で、最初に彼が認めなければならなかった辛い困惑させる事実だったのである。

このケースにおいても、「私的知性」が問題なのではなく、女性から斥けられるということが普遍的な真理であるならば、おそらく大抵の人が似たような道を歩むことになるといえるだろう。実際、一般化が、ライフスタイルを構築する時の根本的な誤りと強い傾向として非常にしばしば見られる。「ライフプラン」あるいは「〔人生についての〕考え」は、互いを補うものである。いずれも、子どもが経験から結論を引き出すことができず、言葉と概念でとらえることができない子ども時代に根源がある。しかし、この時、既に子どもは言葉にならない推論、取るに足らない体験、あるいは、強い感情を伴った、言葉にはならない体験から、自分の行動の普遍的な型を発達させ始める。このような、言葉と概念を持たない時代に形作られた普遍的な推論は、もちろん様々な形で修正されるが、後になってもなお効力がある。ただし、その頃には、コモンセンスが、修正するために多かれ少なかれ介入し、規則やきまり文句や原理にあまりに依拠しないようにする。後に見るように、安全でなく、劣っていると感じていることを表す、支えられたり安全であることを過度に求めようとすることから解放されるのは、共同体感覚によって強化されたコモンセンスに負っているのである。

同じ誤った経過が動物にも見られるということは、次のようなしばしば観察されるケースに見ることができる。小犬が通りで主人に従うよう訓練されていた。小犬はこの技術にかなり習熟したが、ある日、走っている車に跳びこんだ。跳ね飛ばされたが、怪我はしなかった。

これはたしかに子犬にとってめったにない体験だったので、生得的な反応を準備しておくことはできなかった。この犬は、この訓練にさらに進歩したが、事故に遭った場所にはもはや近づこうとしなかったことを知ると「条件反射」について語ることも困難であろう。通りを恐れていたのでも、車を恐れていたのでもなく、事故の場所を恐れていたのである。そして、しばしば人間もするように、一般化した結論を出した。即ち、事故に遭ったのは、場所のせいであって、自分の不注意、経験のなさのせいではない、と結論づけたのである。そこで、危険は、この場所で〈いつも〉その犬を脅かした。同じようにふるまう他の犬のように、このような考えに固執した。「この場所では」もはや怪我をすることはない、と考えるようになったのである。同じような構造が、しばしば神経症に見られる。失敗するかもしれない、自分に価値があると思えなくなるのではないか、と恐れ、解決することはできないと誤解された課題を前にして、退却を開始できるために、精神的な興奮から発した身体的、あるいは、精神的な徴候を甘受し、それを利用することで自分を守ろうとするのである。

人生は事実そのままか

人は「事実」によってではなく、事実についての考え（意味づけ）によって影響を受けることは、明らかである。事実に合致した考えを形成したことが、どれくらい確実なものであるかは、経験が常に不完全であること、われわれの考えに矛盾がないこと、われわれの考えに合致した行動が成功することに依存している。

　このことは、特に経験のない子ども、共同体感覚を持たない大人に当てはまる。この基準が、しばしば不完全なものであることを理解するのは、容易である。われわれの行為の範囲がしばしば限られているからであり、ちょっとした失敗や矛盾は、しばしば労することなく、あるいは、他の人の助けを借りて多かれ少なかれスムーズに処理されるからである。このために一度形成されたライフプランが持続されることになる。大きな失敗をして初めて深く考えることを余儀なくされる。しかし、このことが有効になるのは、個人的な優越性を追求するのではなく、人生の課題を共同体感覚で解決することに与る時だけである。

かくて、誰もが自分自身と人生の課題についての「考え」――人生の線、運動法則――を持っているという結論に到達する。これが人を引きとめるのであるが、自分ではそのことを理解しておらず、説明することもできない。この運動法則は、子ども時代の狭い範囲で起こり、制限をあまり受けない選択の中で、より自由で、生まれつきの力や外の世界の影響を数学的に定式化されない行動によって制限して利用することで発達する。「本能」、「欲動」、外界と教育の印象を方向づけて用いることは、子どもの芸術的な作業であり、「所有の心理学」ではなく、「使用の心理学」の意味で理解することができる。タイプ、類似、おおよその一致は、ニュアンスを表現できないという意味で、われわれの言語が貧困だからである。あるいは、必ず同じになるのではなく、そのようになることが多いということである。類似などが認められるからといって、規則を立てることになってはならないし、そうすることでは個々のケースの理解に近づくことにはならないのである。むしろ、タイプを立てることは、個々のケースを一回性において見出さなければならない視野を照らすためにのみ使うべきである。例えば、強い劣等感があることを確認しても、個々のケースにおいてはそれがどんな性質のものであり、どんな特色があるかは、まだ十分にはいい表したことにはならないのであり、また、それだけでは教育や対人関係において、何らかの欠点があると指摘したことにはならないのである。これらの欠点は、常に様々な形で、個人の外界への態度に示される。この形は、子どもの創造力とそこから生じる「考え」の介入によって、その都度、個々に異なるのである。

上に述べたことは、いくつかの図式的な例から明らかになる。生まれて以来、胃腸のトラブル、即ち、何らかの生まれながらの消化器官の劣等性で苦しんできたが、それに応じた栄養を適当に摂ってこなかった――そのようなことが理想的な仕方で実現することはめったにないのだが――子どもは、あらゆる栄養とそれに関連したことに、特別の関心を持つようになる。その子どもの自分自身と世界についての考えは、そのため一層強く栄養の関心と結びつくことになる。後には、この関心は、おそらくはすぐに見て取れる〔食物と金の〕結びつきによっても、金の方に向けられるが、このことは無論、個々のケースにおいて繰り返し調べなければならない。

　母親が、子どもの人生の最初から子どもがする課題のすべてを引き受けたような甘やかされた子どもは、長じても自分のことを一人できちんとするようになることはめったにない。そのような子どもは、すべてのことは、他の人によってなされなければならないと考えて生きているからである。ここでも以下の諸ケースにおけるように、判断が確かであるかは、十分確証することによってのみわかる。幼い頃から自分の意志を親に押しつけてきた子どもは、生涯にわたって必ず他の人を支配したいと思うだろう。そして、大抵のケースにおいて、それとは反対の経験をした後で、外界に対して「ためらいの態度」を取り、共同体感覚に一致した必要な適応をすることなく、あらゆる空想――しばしば性的な空想が含まれる――とともに家庭の中に引きこもってしまう。

　子ども時代に協力する能力を最大限まで伸ばすように育てられた子どもは、超人間的な要求が課せられない限りにおいて、同等の権利を持ったものとして、常に自分の人生のすべての課題を、共同生活の考えにしたがって解決するだろう。

　父親がひどい仕打ちをし、家族をないがしろにするような家庭の少女は、すべての男性は父親のようである、と容易に信じるようになるだろう。とりわけ同じような経験を兄弟、親戚、あるいは隣人とすれば、また、このような経験を本で読めば、このようなことが起こりがちである。このようなケースでは、先入見を短期間でも持てば、これとは違った経験をしても、それが影響を与えることはほとんどない。もしも兄弟が高等教育を受けたり就職したりすれば、このことで女性は高等教育を受ける能力はないかもしれない、あるいは、そのような教育から締め出されているという誤った考えを持つようになるだろう。

家族の中の一人の子どもが、自分は背景に置かれている、あるいは、無視されていると感じたら、「私はいつも背景にいなければならないだろう」といわんばかりに、威嚇されている、と感じるようになるかもしれない。あるいは、自分も何かを達成できる、と信じて、あらゆる人に秀でるように猛烈に頑張ったり、他の誰も物の数に入らないようにするだろう。

息子を過剰に甘やかす母親は、息子に、ただ自分のためになるように、自分では何も協力しないで常に注目の中心に立たなければならないという考えを植えつけることになる。もしも母親が絶え間なく息子にがみがみいい、おそらく、他の息子が好きであるということを見せつけたら、後の人生で息子がどんな女性とつき合う時にも、疑い深くさせ、ありとあらゆる結末をもたらすきっかけを与えることになるだろう。

もしも子どもが何度も事故に遭ったり病気になったりすれば、このことから、世界は危険に満ちている、と考えるようになり、その考えに従って行動するようになるかもしれない。ニュアンスは異なるが、家族の外の世界への態度が不安で疑い深いものであれば、同じ結果が起こるかもしれない。

無数のこれらの考えが、現実の世界とそれの社会的な要求とぶつかるかもしれない。実際そのようになることは、明らかである。個人の、自分や人生の要求についての誤った考えは、遅かれ早かれ、共同体感覚にしたがって解決しなければならない過酷な現実と衝突することになる。この衝突の結果は、電気ショックにたとえることができる。成功しない人の、自分のライフスタイルは要求——外生要因――に耐えることができないという考えは、そのことで無効になることも変わることもない。個人的な優越性を求めることを止めることもない。ショックの結果、失敗するかもしれないと思う課題を排除することで、多かれ少なかれ活動の領域を制限し、運動法則がさらに解決するための正しい準備を欠いている問題から退却することになる。しかし、ショックの効果は心にも身体にも現れる。そして、共同体感覚の残滓の価値を減じ、人生において、あらゆる可能な誤りを生じさせる。神経症におけるように、退却を始めるように強いるか、あるいは、残された活動性を用いて、決して勇気を意味しない反社会的な道へと逸らすことになるからである。

　どのケースにおいても、考えは人の世界像の根本にあり、思考、感情、意志、行動を決定するということは、明らかである。

第二章　ライフスタイル探求の心理学的アプローチ

直感的アプローチ

人生の課題に対してどのような態度を取っているかという個人の考え、ましてや、人生がわれわれに明らかにしようとしている意味をつきとめるためには、いかなる手段も方法も最初から斥けたりはしないだろう。個人が人生についてどう考えるかは取るに足らないことではない。なぜなら、それは究極的には思考、感情、行動の基準となるからである。しかし人生の真の意味は、正しく行動しない人に反対する抵抗の中に示される。指導、教育、治療の仕事は、人生の真の意味と個人の誤った行動との間にあるギャップに橋渡しをすることである。

人間を個人として知ることは、太古の昔に遡る。いくつかの例をあげるならば、古代の人の歴史的なあるいは個人の物語――聖書、ホメロス、プルタルコス、そしてギリシアとローマのすべての詩人、サガ、おとぎ話、寓話、神話は、人間の個性についての知の頂点を示している。最近まで、人のライフスタイルを理解することに最も成功したのは、主として詩人だった。詩人の作品についてわれわれを最も驚嘆させるのは、詩人が個人を生活領域の問題と緊密に結びついた「分割できない」全体として生かし、死なせ、行為させることができることである。

人間知において優っていて、自分たちの経験を子孫に伝えた無名の一般の人もいたことは、疑いない。このような人たちや、人間知の偉大な天才たちを際立たせたのは、明らかに人間行為の原動力が互いに結びついていることについて深い洞察をしたことである。このような能力が生じたのは、彼〔女〕らが共同体と結びつき、人間に関心を持っていたからにほかならない。広い経験、優れた認識、そして深い洞察が、彼〔女〕らに報酬として与えられていたのである。

彼〔女〕らの仕事で見逃すことができないことは、無数の、無限に多様な個人の表現行動を、他の人がそれを評価したりはかったりしなくても、理解できるように叙述できるということである。この力は、推測の才能によるものであり、彼〔女〕らは推測することによってだけ、表現運動の背後や間にあるもの、即ち、個人の運動法則を見るようになったのである。〔しかし〕多くの人は、この才能を「直観」〔推測〕と呼び、高貴な精神だけが所有する、と考えている。実際には、これは人間の才能の中でも最も普遍的なものである。誰もがそれを人生の渾沌の中で、不確かな未来に向かう時に、絶え間なく利用しているのである。

われわれの課題は、最も小さなものも大きなものも、常に新しく、変化するので、もしもたった一つの方法、例えば、条件反射によってだけ解決するよう強いられたら、絶え間なく新しい誤りをすることになるだろう。このように、われわれの問題が変わることは、いつも新しい要求をわれわれに課し、それまでどんな行動様式を採用していたとしても、その都度検証することを強いる。カードゲームにおいてですら、条件反射はあまり役に立たない。正しく推測することでこそ、われわれの課題を解決することができるのである。しかし正しく推測できるのは、すべての人類の課題を首尾よく解決することに関心がある仲間だけである。このような人に特有なことは、すべての人間の出来事の未来を見ることであり、このことは、人間の歴史全般を調べているのであれ、個人の運命を調べているのであれ、彼〔女〕らを魅することになる。

心理学は、哲学がそれを担当するまでは無害な技術だった。哲学的な人間知は、その起源を心理学者と哲学者たちの人間学に持っている。〔しかし〕すべての人間の出来事を包括的で普遍的な法則のもとに置く多様な試みがなされてきたが、個人を無視することはできなかった。

哲学的アプローチ

すべての個人の自己表現の様式が一貫したものであることを知ることは、反駁できない真理になった。すべての出来事を支配する法則を人間の本性にも適用する様々な観点が生じた。カント、シェリング、ヘーゲル、ショーペンハウアー、ハルトマン、ニーチェらは、解明することができない未知の統御する力を、何か無意識の欲動の中に求め、それを道徳法則、意志、権力への意志、あるいは、無意識と呼んだ。

一般的な法則を人間の活動に移すことに並んで、内観が流行した。このことによって人間は、精神的な出来事とそれに結びつく過程について断定できるはずだった。しかし、この方法が長く使われることはなかった。評判を落としたのは当然である。誰も客観的な証言ができると信じることはできなかったからである。

科学的アプローチ

技術革新の時代においては、実験的な方法が広く用いられた。装置と注意深く選ばれた質問の助けを借りて、試験が実施された。このことで、感覚、知性、性格、個性が解明されるはずだったのである。しかし、この方法では、個性の連続性が見失われたか、あるいは推測によってのみ補われることになった。後に現れた遺伝の理論は、このような試みをすべて断念し、能力の使用ではなく、所有が重要であることを示すことに満足した。内分泌腺の影響理論も同じ方向を示し、劣等感と劣等器官の場合は、劣等感の補償という特別の場合にだけ関わった。

精神分析と個人心理学

心理学は、人間の運命の全能の支配者を性的なリビドーの形で蘇らせた精神分析において、ルネサンスを経験した。そして地獄の恐怖を無意識の中で、原罪を「罪悪感」の中で、入念に描写した。天国のことは考慮されなかったが、この〈天国の〉省略は、個人心理学における「理想の」完成目標に支持されて、「超自我」を創り出すことで再び補われた。ともかく、意識の行間を読むことは重要な試みであり、これがライフスタイル――個人の運動の線――、人生の意味を再発見することへと進めることになった。もっとも、性的な比喩に耽溺する精神分析の創始者は、人間の目の前に浮かぶこの目標を認識することはなかった。その上、精神分析は、甘やかされた子どもたちの世界にとらわれ、常にこの〈甘やかされた子どもの〉タイプを精神構造のモデルと見たので、人間進化の部分としての精神生活のより深い層は隠されたままだった。精神分析が一時的に成功したのは、精神分析の見方をどの人間にも適用できる規則として喜んで受け取り、そのことで自分自身のライフスタイルを強化した甘やかされた子どもたちの数があまりに多かったからである。精神分析の技法は、表現運動と症状は、性的なリビドーと結びついていることを忍耐強いエネルギーをもって示し、人間の活動は、内在するサディスティックな欲動に依存しているように見せることに向けられた。個人心理学は、この後者の現象が甘やかされた子どもたちの遺恨によって人為的に生み出されたということを初めて十分に明らかにした。それでも、精神分析も進化論的な見方に近づき、少しは考慮されていた。たとえこの努力が失敗しており、いつもながら悲観的な充足目標としての死の願望の観念によって考慮されたとしてもである。しかしこの意味での充足は、積極的な適応ではなく、いくぶん疑わしい物理の第二の法則にもとづいた死を期待してのことにすぎない。

　個人心理学は進化の土台の上にしっかりと立っている。そして進化に照らして、すべての人間の努力は完成を求めての努力である、と見なしている。身体的であれ精神的であれ、生を渇望することが、この努力と結びついていることは動かすことはできない。それゆえ、われわれが知る限り、表現形式はいずれもマイナスの状況からプラスの状況への運動であるように見える。誰もが自分の人生を始める時に、どんな道を歩み、どんな運動の法則を採るかを自ら決めるが、その際生まれつきの能力も、環境から受ける最初の印象も比較的自由に利用できるので、この運動の法則は、人によってテンポ、リズム、方向が違う。達成できない理想の完成と自分とを絶え間なく比べるので、常に劣等感にとらわれ、駆り立てられることになる。このことからどんな人間の運動法則も、永遠の相の下に、絶対的な正義の仮構の見地から見られた時には、不完全である、といっていい。

　どんな文化や時代においても、この理想は、その文化の思考と感情が届く範囲内で形作られる。今日もそうであるように、過去の人間理解の一時的な水準は、この理想がどのように形成されたかということに常に見出すことができる。果てしもなく長い間、人間の共生の支えである理想をとらえてきたこの深い理解力に驚いていい。たしかに、「汝殺すなかれ」とか「汝の隣人を愛せよ」という命令は、訴えの最高裁判所として、もはや知識と経験から消え去ることはできないだろう。人間の共生のこれらの、あるいは他の規範は、徹頭徹尾、進化の所産であり、息をすることや直立歩行と同じく人間の本性の中にしっかりと根づいており、進化の必然や目標と見なされる理想的な人間共同体の観念の中に置くことができる。それらは個人心理学に基準（「私が立つ場所を与えよ」）を提供する。この基準によってだけ、進化に反する他のどんな目標と運動様式についての正、不正を判断することができる。個人心理学が「価値の心理学」になるのはこの点においてである。ちょうど医学が、進化の推進者としてその研究と発見によって「価値の科学」であるのと同様である。

個人心理学はいかにパーソナリティとライフスタイルに近づくか

それゆえ、劣等感、克服の追求、共同体感覚という個人心理学の探究の支柱は、個人や集団の考察において欠くことはできない。これらの事実を避けて通ることも、他の言葉で表現することもできる。誤解することも、細かい点をうるさく詮議立てすることもできる。しかし、それらを抹消することはできない。個性について考察するのであれば、これらを何らかの仕方で考慮に入れなければならず、劣等感、克服の追求、共同体感覚はどのようであるかを確かめなければならない。

しかし、進化に強制されても、別の結論を引き出し、正しくない道を取った文化があったように、個人も同じことをしてきた。ライフスタイルを発達の流れの中で、知的に、及び、それに結びついて感情的に構築することが、子どもの仕事である。感情的でおおよそにしか理解されない行動能力は、子どもにとって決して中立的ではない、人生の不十分な準備段階にしかならない環境において〔創造〕力の基準に用いられる。子どもは、主観的な印象の上に〔ライフスタイルを〕構築し、しばしばほとんど基準とはならない成功と失敗に導かれて、道と目標、そして未来に横たわる高みへの展望を創り出す。

個性の理解へと導く個人心理学のすべての方法は、優越性の目標についての考え、劣等感の強さ、共同体感覚の程度を考慮に入れる。

これらの要素の関係をより仔細に調べれば、それらはすべて共同体感覚のあり方とその程度を構成することがわかるだろう。試験は、実験心理学や、医療ケースの機能試験のように行われる。ただここでは人生自体が試験を行うのであり、このことは、個人が人生の課題と深く結びついていることを示している。即ち、個人の全体は人生――おそらく共同体といった方がいいだろう――の連関から引きずり出されることはできないということである。人が人生にどう立ち向かっているかが、最初にその人のライフスタイルを明らかにする。それゆえ実験、テストは、せいぜい人生の一部しか扱わないのであるから、性格や、共同体において将来何をするかについては、何一つ語ることはできない。「ゲシュタルト心理学」ですら、人が人生の過程でどんな態度決定をするかという結論に達するためには、個人心理学によって補われなければならないのである。

劣等コンプレックス・優越コンプレックス・共同体感覚

それゆえ、ライフスタイルを探求するための個人心理学の技法は、まず第一に、人生の課題とそれの個人に対する要求についての知識を前提にしなければならない。人生の課題の解決には、ある程度の共同体感覚、人生の全体との結びつき、協力と他の人と交わる能力を前提とすることが明らかになる。もしもこの能力を欠いていれば、形は様々ではあるが、強い劣等感とその結末は大抵「ためらいの態度」と〔課題の〕回避という形で見られる。私は、これとの関連で現れる身体的なあるいは精神的な現象を「劣等コンプレックス」と呼んだ。止むことのない優越性の追求は、この劣等コンプレックスを常に共同体感覚の外で、自分が優れていると見えることを目指す「優越コンプレックス」で隠そうとするのである。

失敗の場合に起こるあらゆる現象をはっきりと理解しようとするのであれば、準備が十分ではなかったことの原因を早期の子ども時代に探求しなければならない。このようにすれば、個人の統一されたライフスタイルについて信頼できる像を得ることができ、同時に失敗の場合には、人に結びつく能力の欠如という形で現れる逸脱がどの程度のものかを理解することができる。

そこで教育者、教師、医師、聖職者に割り当てられる課題は、人生が人に与えた意味に近づかせるために、失敗の実際の原因を確信させること、人が人生についていつの間にか持った正しくない考え、誤った意味づけを見つけ出すことによって、共同体感覚を高め、それによって勇気づけることである。

これらの課題は、人生の課題についての正しい認識があり、あらゆるタイプの人間の失敗、とりわけ劣等コンプレックスと優越コンプレックスにおいては、共同体感覚が足りないことが理解された時にのみ解決することができる。おそらくは子ども時代に共同体感覚の発達を妨げた環境や状況についての広い経験も必要である。私の体験で、これまで最も信頼できる個性を探求する方法は、子どもの早期回想、きょうだい関係における順位、子どもの頃の失敗、夢や白日夢、病気を引き起こす外生要因のあり方について包括的に理解することである。このような探求の結果はすべて、医師への態度も含めて、非常に注意して評価しなければならず、そこから引き出される結論は、常に他の確立された事実と一致するかどうかが検証されなければならない。

第三章　人生の課題

人生の課題に直面する

ここにおいて個人心理学は社会学に近づく。個人の人生の諸問題の構造とその問題が人に与える課題を知らなければ、個人について正しい判断をすることは不可能である。人が人生の問題に対してどのような態度を取っているか、その際、その人の中で何が起こっているかを知ることで初めて、その人の本質は明らかになる。即ち、課題に向かって進んでいるのか、それとも、ためらっているのか、立ち止まってしまうのか、周りを忍び足で歩きまわるのか、いいわけを探し求めようとしているのか、課題を部分的にしか解決しようとしないのか、それを乗り越えて成長して行くのか、あるいは、共同体感覚を破壊する道で、自分が優れていると見せかけるために、課題を解決しないまま放っておくのかを確かめなければならないのである。

私は前々から、すべての人生の問いは、三つの大きな課題、即ち、共同体生活、仕事、愛の問題に分けられるということを確信してきた。容易にわかるように、これらは取るに足らない問題ではなく、いつもわれわれに立ち向かい、強く、挑戦し、そこから逃れることを許さない。なぜなら、この三つの問題に対するわれわれの態度が、ライフスタイルによってわれわれが与える答えだからである。それらは互いに緊密に結びついており、しかも三つの問題のすべてを正しく解決するためには、しかるべき共同体感覚を必要とするので、どの人のライフスタイルも、三つの問題のすべてに対する態度の中に多かれ少なかれ明らかに反映されていることが理解できる。この課題に対する態度は、問題が目下のところ遠くにあったり、有利な状況にあれば、あまり明白ではないが、適性が厳格に試される場合に明らかになる。普通の解決を越える芸術や宗教のような問題は、この三つのすべての問題に与っている。

これら三つの問題は、共生、生計の心配、子孫の心配から逃れられないことと分かちがたく結びついていることから生じるものであり、われわれの前に現れるこの地球上で生きることの問題である。この地球が作ったものである人間は、宇宙的な関係においては、共同体のために身体的、精神的な準備をし、分業と勤勉、十分な繁殖によって共同体と結びつく時にだけ、存在し発達することができた。人間は進化する際、よりよい身体的適性とよりよい精神の発達を目指すことで、進化に向けて身体的にも精神的にも必要なものを与えられたのである。

全ての体験、伝統、命令、法律は、人類が生きることの困難を克服しようとする試みであった。正しい試みもそうでない試みも、また持続的なものもあれば一時的なものもあった。われわれの現代の文明においては、これらの努力は、今までのところ当然まだ十分ではない。マイナスの状況からプラスの状況に達することが、集団と個人の運動の特徴であるから、集団と個人の持続的な劣等感について語ることができる。進化の流れにおいては、完全の目標がわれわれを上に向かって引っ張り、停滞するということはない。

しかし、もしもこの三つの問いが共同体感覚の共同体の基礎から切り離すことができないのであれば、この問いを解決できるのは、共同体感覚を十分持っている人だけであるということは明らかである。今日までおそらく誰もがこの程度までは共同体感覚を所有している。しかし人類の進化は、共同体感覚が息をすることや直立歩行と同じように自動的に機能するほど人がそれを身につけているところまでは進んでいない。いつか、おそらくずっと後になってこの段階に到達するということを私は疑わない。ただし人類がこの発展において失敗するのでなければである。実際、今日、このことが起こりうる疑いがないわけではない。

他のすべての問いは、この三つの主要な問いに答えるためにある。それは次のような問いである。友情や対人関係の問題、国家、民族、人類への関心、作法、器官の文化的な機能の受け入れ、遊び、学校、教えることにおける共同作業の準備、異性を尊敬し評価すること、これらの問いのすべてへの身体的及び精神的準備、性的パートナーの選択である。

共同体感覚──子ども時代に始まる

共同体感覚の準備は、子どもが誕生した最初の日から、母性愛の進化的な発達において、本来子どもが仲間を体験するにあたって最も適切なパートナーである母親によって、正しく、あるいは、正しくない仕方で行われる。母親は、共同体感覚発達の入り口に立っている最初の仲間である。その母親から子どもにとっての最初の、全体の部分として、人生に登場し、世界のまわりの人との正しい接触を求めようとする衝動が発する。

二つの面から困難が生じるかもしれない。母親がぎこちなかったり、鈍くて無知であるために、子どもが〔他者と〕接触することを困難にしたり、あるいは、軽率にも自分の課題をあまりに軽く受け止めている場合が一つである。

あるいは、よく起こることなのだが、母親が子どもに〔他者を〕援助することも協力することも免除し、常に愛撫を与え、甘やかす場合である。母親は絶えず子どものために行動し、考え、話す。そうすることであらゆる成長の可能性を阻み、あらゆることが、他者によって甘やかされた子どものためになされるという、現実とは違う想像の世界に子どもを慣れさせることになる。

自分は常に出来事の注目の中心であり、自分が注目の中心ではないようなあらゆる状況やそのことを阻むあらゆる人を自分にとって敵対的であると見なすようにさせるには、ごくわずかな時間があれば十分である。その際、結果が多様であることを過小に評価してはならない。子どもの制限されることのない創造力によって、自由裁量が働くことから、多様な結果が生じるのである。子どもは外からの影響を自分の意に沿うように手を加えて利用する。母親が子どもを甘やかしている場合には、子どもは共同体感覚を〔母親以外の〕他者に広げることを拒否し、母親と同じ程度の愛情を示さない父親、きょうだい、他者から離れようとする。子どもがこのようなライフスタイルを形成する時、人生について、すべては始めからすぐに容易に手に入る、ただし外からの手助けがある時にだけ手に入る、と考えているので、後になって多かれ少なかれ人生の課題の解決には適さず、課題が近づくとそれが要求する共同体感覚を備えていないので、軽いケースでは一時的に、重いケースでは永続的にショックを受けることになる。

甘やかされた子ども

甘やかされた子どもにとっては、母親を自分にかかりっきりにさせるどんな機会も正当なものである。この優越性の目標は、自分の役割を受け入れることに抵抗する時に、最も容易に達成される。この抵抗は、反抗という形でなされることもあれば、関心の欠如によることもある。このうち反抗は、個人心理学が説明してきたにもかかわらず、最近、シャーロッテ・ビューラーによって自然な発達段階である、と見なされた。他方、関心の欠如は、常に共同体感覚の欠如としても理解されなければならない。便秘やおねしょのような、子どもの失敗の説明を性的なリビドーやサディスティックな欲動から引き出し、精神生活のより原始的な、あるいはより深い層はそのことによってあらわにされると信じる懸命な試みは、原因と結果を逆さまにしている。なぜなら、このような子どもたちの根本的な気分、即ち、過剰な甘やかされたいという欲求を誤解したからであり、また器官の進化的な機能を絶えず新しく獲得されなければならないと見なしているという点においても誤っている。これらの機能の発達は、直立歩行や話すことと同じく、人間の自然の掟であり、自然に獲得されたものである。甘やかされた子どもたちの想像の世界においては、近親相姦の禁止と同様、それを避けることができるものとされるが、このことは、甘やかしが起こらなければ、甘やかされたいと願っていることの徴候であり、他者を搾取すること、あるいは、復讐や告発が目的である。

甘やかされた子どもたちは、ありとあらゆる仕方で、彼〔女〕らを満足させる状況が変わることを拒否する。それにもかかわらず、そのような変化が起これば、そのことに抵抗する反応をし行動することがいつも見られる。そして積極的な、あるいは、消極的な仕方で、目的を達成してしまうのである。攻撃するか、退却するか、どんな形になるかは、大部分、活動性の程度に依存するが、それでも解決を要求する外的な状況（外生要因）にも依存している。

同様のケースにおける成功体験は、後にモデルになる。多くの研究者はこれを退行としてごまかすが、そのようにいうのは十分な理解がされていないからである。さらに推測を先に進めて、この今の心のコンプレックスを、固定し持続する進化の過程で獲得されたものと考え、それを太古からの残滓であるとし、それに一致しているというような空想的な発見を試みる。研究者の大部分は、人間の表現様式は、とりわけわれわれの言語が貧しいことを考慮に入れない時には、いつの時代も似ているということに惑わされているのである。人間の運動の形を性に関係づけようとするならば、また別の類似に遭遇するだけである。

　私は、甘やかされた子どもたちは、甘やかしの範囲の外においては絶えず脅かされ、敵国の中にいるかのように感じるということを明確にしてきた。彼〔女〕らの様々な性格特性はすべて、とりわけしばしばほとんど理解されない自己愛と自己陶酔は、彼〔女〕らの人生についての考えと一致しているのでなければならない。このことから、これらの性格特性は、いずれも人為的な所産であり、生まれつきのものではないということが帰結することは明らかである。すべての性格特性は、いわゆる性格研究者の見解とは違って、対人関係を意味し、子どもが創造したライフスタイルから発したものであるということを理解するのは困難ではない。そこで、古くからの論争の的となっている問題、即ち、人間は本性的に善か悪かという問題も解決する。発展し、止むことのない共同体感覚の進歩は、人類の存在は「善くある」ということと分かちがたく結びついていると仮定することを正当化する。これとは反対であるように見えることは、進歩における失敗と見なければならず、誤りに帰することができる。ちょうど自然の壮大な実験領域においては、動物に使われることがない身体部分があるのと同じである。性格理論は、「勇気がある」「徳がある」「怠惰である」「敵意がある」「毅然としている」などの性格は、われわれの見解では常に変化する外界の方を向いており、この外界がなければそもそも性格というものは存在しない、と認める決心をしなければならない。

他に何が共同体感覚の発達を妨げるのか

既に見てきたように、子ども時代には、甘やかしのように共同体感覚の発達を妨げるような重荷が他にもある。この妨げになるものを考察する際にも、支配的で因果的な根本法則を否認しなければならない。その法則の働きには、統計的な蓋然性において表現される方向を誤らせる契機しか見ることはない。また、個々の現象の多様性と一回性を見逃してはならない。そのように多様で一回切りの現象は、運動法則を形作る時の、子どものほとんど恣意的な創造力の表現である。

甘やかしとは別の重荷とは、子どもが無視されること、劣等器官を持っていることである。いずれも、甘やかしと同様、子どものまなざしと関心を「共生」から逸らし、自分が危険にさらされることと自分の幸福にしか注意を向けさせないことになる。幸福は共同体感覚が十分であることを前提にして初めて確固としたものになるということを、後にさらにはっきりと証明することにしよう。しかしここでは、この世での出来事は、共同体と接触せず、調和することがあまりに少ない人には妨げになるということを理解するのは容易である。

子どもの創造力が、早期の子ども時代の三つの困難のすべてを、程度の差はあっても、克服するといえる。そのことに成功するかしないかは、すべてライフスタイル、即ち人生についての考えにかかっている。しかし、多くの場合、人はこの考えを知らない。これらの三つの課題の結末の統計的蓋然性について語ったのと同様の仕方で、今や人生の課題も、大きなものであれ小さなものであれ、唯一だが重要な統計的蓋然性を、人のそれらの課題に対するショックを与える問いとして示すということを証明しなければならない。おそらくいくらかの確実性をもって、人生の課題に接触する時にどんな結末が生じるか、あらかじめいうことはできるだろう。しかし、仮定は、予言された結末が正しいことが確認されて初めて、正しいと結論づけられることを忘れてはならない。

個人心理学が、他の心理学の見解とは違って、経験と蓋然性の法則によって過去をいい当てられることは、たしかに個人心理学に学問的な基礎付けがある証拠である。

家族関係

われわれは今や、一見副次的な諸問題について、それを解決するためには共同体感覚が発達していることが必要かどうか吟味しなければならない。そこで最初にぶつかるのが、子どもの父親に対する態度である。子どもは通常は母親にも父親にもほとんど同じような関心を示す。しかし外的な状況、父親の個性、母親による甘やかし、あるいは、母親が世話をしなければならない病気と身体の発達不良が、子どもと父親の間に距離を作り出し、そのために共同体感覚の拡張を妨げることがある。母親が子どもを甘やかすことを父親が阻もうと厳格な仕方で介入することは、この距離を大きくするだけである。母親が、しばしば理解しないまま、子どもを自分の側へ引きつけようとする傾向も同様な結果をもたらす。父親の甘やかしが優勢であれば、子どもは父親の方に向かい、母親から離れることになる。このようなことが起こるのは、いつも子どもの人生の第二段階である、と理解しなければならない。そのことは、子どもが母親によって悲劇を体験したということを示している。

子どもが甘やかされて母親にしがみついているならば、子どもは多かれ少なかれパラサイト（搾取者）として成長し、あらゆる欲求、時には性的な欲求まで満たすことを母親から期待することになる。

このことは、子どもに自分の中に目覚めた性的な欲動によって、いかなる欲求も断念しないことを学ばせるので、いっそう容易に起こる。子どもは絶えず、あらゆる欲求が母親によって満たされることだけを期待するからである。フロイトがエディプス・コンプレックスと呼んだものは、フロイトには心の発達の自然の基礎と見えるのだが、かき立てられた欲求に抵抗できずに翻弄される甘やかされた子どもの人生における多様な現象の形の一つにすぎない。その上、フロイトが揺るぐことのないファナティズムで、子どもの母親に対する関係のすべてをエディプス・コンプレックスを基礎として使うためのモデルにすることに、われわれは反対しなければならない。

同様に、われわれは多くの研究者にとってもっともな事実と見えること、即ち、少女は本性的に父親に、少年は母親に結びつくと仮定することを拒否しなければならない。このことが甘やかしによってではなく起こった時には、将来、性役割をどう理解するかがわかる。子どもは遊び半分の方法で、ずっと後の段階のために、大抵は他の遊びにおいて行っているように、性的欲動を使うことなく、準備しているのである。早熟でほとんど制御できない性欲動は、まず何よりも、その子どもが自己中心的で、大抵、どんな欲求も断念できない甘やかされた子どもであったことの証拠である。

きょうだいに対する関係からも、それが課題として見られる時には、子どもの〔他者と〕結びつく能力の程度を知ることができる。先に述べた子どもの三つのグループは、多くの場合、きょうだいの他の子ども、とりわけ、弟か妹を自分の影響を妨げる者、狭める者であると感じるようになるだろう。このことからさまざまな結果が生じ、子どもの形成期において非常に大きな印象を残すので、人生は常に競争であると思うこと、支配することを求めること、最も穏やかな場合には、他者を子どもとして扱うことという持続する傾向として、生涯にわたる特性となる。このような特徴が形作られる時、多くのことは、競争において成功したか、あるいは、失敗したかに依存する。しかし、弟や妹によって自分の立場から排除されたという印象を、子ども自身によって創り出された結末と共に、とりわけ甘やかされた子どもの場合に、必ず見つけることができる。

子ども時代の病気

もう一つの問題は、子どもが病気になった時に、それに対してどのような態度を取るかということである。このことを子どもは自分で選ぶことができる。親の病気への態度は、とりわけ重症に見える病気の場合、子どもに気づかれる。くる病、肺炎、百日咳、舞踏病、猩紅熱、脳炎のような子ども時代の病気の場合、子どもは親が心配していることを知ることになり、実際よりも苦しく見せ、慣れない甘やかしの習慣を作り、自分では協力しないのに自分が大いに価値があるという感覚を子どもに容易に起こさせるばかりか、病気になったり不平をいう傾向を生み出す。健康を回復し親が慣れない甘やかしを止めると、子どもは乱暴になったり、病気の感覚が持続し、疲れや食欲がないと訴えたり、あるいは、これといった理由もないのに長く咳を続け、これらの症状が、病気の結果であると誤って見なされることがよくある。このような子どもたちは、生涯にわたって病気の記憶を持ち続ける傾向がある。このようにして、保護されることを要求したり、負担が軽くなる状況を求める。このような場合、外の状況との接触が不足しているので、感情や情動を持続的に高める機会が与えられることを見逃してはならない。

学校における共同体感覚

子どもは、家庭においてどんなふうに役立っているか、遊ぶ時に正しく参加し、仲間としてふるまっているかということに加えて、学校や保育園に入る時に協力能力の試験を受けることになる。この時子どもの協力する能力をはっきりと観察することができる。興奮の程度、学校に行くことを拒む仕方、離れて立っていること、関心と集中の欠如、遅刻、授業を妨害すること、ずる休みの傾向、いつも筆記用具をなくすこと、宿題をしないで時間を無駄に過ごすことのような学校に敵対する行為は、子どもが協力に十分準備できていないことを示している。このようなケースの心理過程は、子どもたちが自分で知っていようがいまいが、同時に強い劣等感を持っているということを理解しなければ、十分知ったことにはならない。この劣等感は、先に述べたことに対応して、あらゆる可能な身体と心の症状を伴い、臆病や興奮という形で劣等コンプレックスとして現れる。あるいは、喧嘩好きであること、遊びをぶちこわすこと、仲間であるという気持ちが欠けていることなどの利己的な優越性として現れる。ここには勇気を見出すことはできない。傲慢な子どもたちでさえ、有益な仕事をするとなると、臆病であることが明らかになる。嘘をつくことは、彼〔女〕らが悪だくみへと向かう途上にあることを示している。盗みの傾向は、〔権利を〕奪われたと感じることの有害な補償として現れる。これはよくできる子どもといつも比べることでは改善することはできず、次第に鈍磨し、学校での成功が止むことがよくある。

　まさに学校は子どもに対する試験のような働きをし、最初の日から子どもの協力の程度を示すことになる。学校はまた、子どもが共同体の敵として学校を去ることがないように、賢明な洞察によって子どもの共同体感覚を高めるためにふさわしい場所である。以上のような事実を知ったので、私は学校の中に教師が問題のある子どもたちを教育する正しい方法を見つける援助をするために、個人心理学の教育相談所を設立することを決心したのである。

　学校の教科で成功するかどうかは、まず第一に、子どもの共同体感覚に依存するということは、疑問の余地がない。共同体感覚を見れば、子どもの共同体における人生が、将来どんなものになるかがわかる。後の共同体生活において重要な、友情、仲間との関係の問題及びそれに伴った誠実、信頼、協力傾向、さらに国家、民族、人類への関心という必要な特性は、学校生活に含まれており、専門的なケアを必要とする。学校は共同体感覚を覚醒し、育むことができる。もしも教師がわれわれの観点を理解すれば、子どもと友好的に話し合うことで、共同体感覚が欠けているということ、そのことの原因、どうすれば共同体感覚を引き出せるかを子どもにわからせ、そうすることで、子どもを共同体に近づかせることができるだろう。教師は、子どもと話し合うことで、人類の未来はわれわれの共同体感覚の強化にかかっており、われわれの人生における大きな誤りである、戦争、死刑、人種間の憎悪、民族間の憎悪だけでなく、神経症、自殺、犯罪、酩酊などは、共同体感覚の欠如から生じ、これらは劣等コンプレックス、状況をふさわしくない不適切な仕方で解決する有害な試みであることを子どもに確信させることができるだろう。

性の目覚め

　また性的な問題がこの時期に顕著になる。それが、少年、少女を混乱に陥れることがある。ただし協力することを学んだ子どもはこの限りではない。そのような子どもたちは、自分を全体の部分である、と感じ、悩みとなる秘密を自分だけのものにしないで、それについて両親と話すか、教師に忠告を求めるからである。既に家族の中に敵対的な要素を見てしまった子どもたちはこんなふうにはしない。〔しかし〕彼〔女〕らは、ここでもとりわけ甘やかされた子どもたちは、容易に脅かされ、おべっかによって誘惑される。両親が性の問題をどんなふうに説明するかは親の共通の経験から与えられる。子どもが要求する以上のことを教えてはならず、新しい知識を正しく理解し、受け入れることができるように伝えなければならない。ためらってはいけない。しかし、急ぐこともない。子どもが学校で性的なことについて話すことを避けることはできない。未来を見ている自立した子どもは、卑猥な話はしないし、愚かしいことを信じたりはしない。愛と結婚を恐れさせることは当然大きな誤りだが、自信がない依存的な子どもだけが恐れるようになるのである。

　思春期は、さらなる人生の課題として、多くの人に暗い神秘であると見なされている。この時期にも、以前子どもの中で眠っていたものが見出されるだけである。子どもがこの時まで共同体感覚を欠いていれば、思春期もそれに応じたものになり、子どもが協力に対してどれくらい準備できているかは、他のどの時期よりもはっきりとわかるだろう。より大きな活動空間を自由にできる。力も持っている。しかし子どもは、とりわけ子どもに応じた、あるいは子どもを引きつける仕方で、もはや子どもではないということを、あるいは、稀にまだ子どもであることを示したいという欲求を持っている。もしも共同体感覚の発達が妨げられているなら、誤った道を歩む非社会的な傾向が、以前にまして示されるだろう。

　彼〔女〕らの多くは、大人と見なされようとして、大人の長所よりは誤りを受け入れたいと思う。その方が共同体に貢献するよりは容易だからである。あらゆる種類の非行が起こりうる。これも他の子どもたちよりも、甘やかされた子どもたちにおいて、より多く見られる。すぐに欲求を満たすことに慣れているので、どんな種類の誘惑にも抵抗できないからである。このような少年や少女は、おべっかや虚栄心の誘惑の犠牲になる。この時期には家で冷遇されている、と強く感じ、おべっかを聞く時にしか自分の価値を信じることができない少女も重大な危機の中にある。

交友

それまでは背景にいた子どもが、すぐに人生の前線に近づく。そこでは自分の前に三つの大きな人生の課題、即ち、社会、仕事、愛の問題を見ることになる。これらはいずれも解決するには他者への関心が発達していることが必要である。このことに準備ができているかは、決定的な影響を与える。思春期には人見知り、人嫌い、不信、人の不幸を喜ぶ気持ち、あらゆる種類の虚栄心、過敏、人と会った時の興奮、極度の緊張、嘘偽り、誹謗、権力欲、悪意、その他多くのことが見られる。共同体のために教育を受けた子どもは、容易に友人を作るだろう。人類のあらゆる問題にも関心を持ち、ものの見方と態度を共同体に有用であるように整えるが、善いことにも悪いことにおいても、注目を集めることで成功を求めたりはしないだろう。共同体における人生には、共同体にとって危険な人に反対の声をあげることがあっても、絶えず善意が伴う。善良な人でも時には軽蔑の感情を持たずに生きることはできない。

仕事

われわれが生きている地球では、人類は労働と分業が必要である。ここでは共同体感覚は、他者の利益になるような共同作業として現れる。共同体に生きる人間は、労働に対して賃金が支払われ、他者の人生と労働を搾取することは、人類の幸福を決して促すことにはならないと疑わないだろう。結局のところ、われわれ子孫は、人類の平和に貢献した偉大な先祖の業績のおかげで、もっぱら生きているのである。宗教や優れた政治制度に表される偉大な共同体思考は、可能な限り最良の仕方で、労働と消費を分配することを正当に要求する。誰かが靴を作る時、自分を他者にとって有用なものにしているのであり、十分に生計を立てること、あらゆる衛生上の恩恵を被り、子どもに十分な教育を受けさせる権利を持っている。労働によって報酬を得れば、発達した市場の時代に有用であることを認められたということである。このようにして公共に役立っているという感覚を得ることになり、このように感じられることによってのみ、広く見られる人間の劣等感を緩和することができるのである。有用な仕事をする人は、自ら発展していく共同体の中で生き、その発展を援助する。このような〔共同体との〕結びつきは、いつも認められるわけではないが、非常に強いので、勤勉と怠惰についての一般的な判断を決めることになる。怠惰を徳と呼ぶ人はないだろう。〔しかし〕恐慌や過剰生産によって職を失った人が十分な生活費を受ける権利も、今日既に一般に認められている。これは社会にとっての危機になることを恐れてのことではなく、発達する共同体感覚によるのである。未来が生産様式と富の分配をどんなに変えようとも、共同体感覚の力は、変化が強制されたものであれ、与えられたものであれ、必ず今日よりも適切に認められるに違いない。

愛・結婚・子ども

愛は、強い身体的、精神的な満足を与える。このような愛においては、共同体感覚は、運命の直接で疑いえない形成者になる。友情や、きょうだい、親との関係におけるように、愛においても二人の課題が問題になる。ただし、愛の場合は子孫を残し、人間の種の保持を目的とした異性の問題である。おそらく人間の問題で、愛の問題ほど全体の中の個人の幸福に緊密に結びついたものはない。二人の課題は固有の構造を持っており、一人の課題を解決する方法では正しく解決することはできない。この問題を十分に解決するためには、二人はどちらも自分のことをすっかり忘れ、もう一人に献身しなければならない、一つの生は二人から形作られなければならないかのようにである。同じことは、ある程度は、友情やダンスや遊びのような課題、あるいは、同じものに同じ道具を使って二人で取り組む仕事にも必要である。このような関係には、不平等の問題、相互不信、敵意のある思いや感情があってはならない。身体に必ず引かれることも愛の本質である。そのことが、人類の必然的な進歩に応じた程度までパートナーの選択に影響を与えていることは、進化の本質であり、進化が個人に影響を与えているということである。

　そこで進化は、意識していようがいまいが、パートナーの中に、より高次の理想をわれわれに気づかさせる。そのことによって、われわれの美的感覚は、人類の発展に役立っているのである。愛においては、男女が対等であるということは自明のはずだが、今日でもまだ男性にも女性にも多様な仕方で誤解されている。さらに、相互献身の感覚が避けられてはならない。〔しかし〕この献身の感覚は、しばしば男性に、それ以上に女性に隷属することである、と大いに誤解されており、とりわけライフスタイルにおいて、自己中心的な優越性の原理が献身することと結びついた時に、そのような人を愛から遠ざけるか、あるいは、そのような人に機能を果たせないようにしている。三つの点のすべて、即ち、二人の課題への準備、対等の意識、そして献身の能力に十分適応していないことは、共同体感覚を欠いた人すべての特徴である。そのような人にこれらの課題において生じる困難は、愛と結婚の課題に関わる時に、彼〔女〕らを、絶え間なく〔負担を〕軽減させようとする。結婚においては、一夫一婦制の形を取ることが、おそらく進化において最善の適応である。

以上述べてきた愛の構造は、課題であって、発展の終止符ではないので、さらにそれが永遠のものになるためには、究極的な決心をすることが必要である。そのような決心をすることが、子どもたちと人類の幸福に向けた教育において、永遠に影響を及ぼす。認めがたいことではあるが、失敗と誤り、愛において共同体感覚を欠いていることが、子どもたちと教育の実績によって、われわれがこの地球で永遠に存在できなくさせるきっかけとなりうるのである。乱交、売春、倒錯、ヌーディズムの秘密の隠れ場所に見られるように、愛を些細なこととして扱うことは、愛からあらゆる偉大さ、輝き、美的な魔力を奪い去る。持続する結びつきを拒むことは、共同の課題で結ばれたパートナーに、疑いと不信の念を抱かせ、自分を全面的に献身できないようにする。ケースによって様々だが、似たような困難を、あらゆる不幸な愛と結婚のケース、当然期待される機能を拒否するあらゆるケースにおいて、十分ではない共同体感覚の徴候として見ることができるだろう。このようなケースにおいては、ライフスタイルを矯正することだけが改善をもたらすことができる。私には、例えば乱交のような愛を軽視すること、したがって、共同体感覚の欠如が、性病蔓延の原因になり、家族と民族を破滅へと導いたことも疑いない。

人生において全く変わることのない規則を見出すことがないように、愛や結婚の結びつきを解消することを支持する根拠もある。無論、誰もが自ら正しい判断を下せるだけの理解力を持っていると信じることはできない。それゆえ、この問いは、自分たちよりも経験があり、共同体感覚に従って判断ができると信頼できる心理学者の手に委ねるべきである。

産児制限の問題もわれわれの時代に論争を引き起こした。人類が聖書の言葉を成就し海の砂のように増えて以来、人間の共同体感覚は、子孫を無制限に増やす要求に厳格ではなくなった。技術がめざましく発達したことも、あまりに多くの労働者を必要のないものにし、協力する必要はかなり減少した。〔このような〕社会状況は、出産を急速に増加させる誘因とはならない。愛の能力の程度が非常に高められたことは、以前よりも母親の幸福と健康に関わっている。拡大している文化も、女性の教育を受ける能力と知的な関心の限界をなくすことになった。今日の技術は、男性と女性に多くの時間を、子どもの教育のみならず、教養、レクリエーション、娯楽に捧げることを可能にしている。また仕事の労苦からの休息時間を延長でき、この時間は近い将来さらに長くなることが見込まれる。そしてこの時間が正しく利用されるなら、自分とまわりの人の幸福に大いに貢献するだろう。これらの事実は全て生殖に役立つという愛の機能に並んで、そのことにほとんど依存しない役割、即ち、たしかに人類の幸福に貢献するより高い次元である喜びを高めることを愛に割り当てることに貢献してきた。人間を動物から区別する、この一度獲得された発展を、法や規則によって抑制することはできない。子どもを何人産むかの決定は、十分相談にのった後で、母親に全面的に委ねなければならず、そうすることが最善である。人工妊娠中絶の問題においては、医学的な診断を受けることに加えて、適任の心理カウンセラーが中絶のために持ち出される本質的ではない根拠に反駁し、事態が深刻化した場合には、いつも病院で無料で行われるのであれば、母親と子どもは最もよく医学的に保護されることになるだろう。

しかしパートナーの正しい選択には、身体的な適性や魅力の他に、主としていずれも十分な共同体感覚の程度を示さなければならない以下の点を考慮しなければならない。友情を保持できること、仕事への関心を持つこと、自分よりパートナーに関心を示すということである。

当然、子どもを産むことを恐れることも、それがどんなふうに表現されようと、結局は常に共同体感覚の欠如に遡れる自己中心的な動機を持っている。そこで、甘やかされた少女は、結婚してからも甘やかされた子どもを演じようとするか、あるいはこのことは、ただ外見のことだけを考えて、妊娠や出産によって不格好になることを恐れたり過大に評価するが、ライバルがいないままでいようとする時や、時には、愛のない結婚をした時にも起こる。多くの場合、女性としての機能と出産を拒否することにおいて「男性的抗議」が恐ろしい役割を果たす。このように女性がその性の役割に抗議することは、先にあげた名前で私が初めて叙述したのだが、常に性の役割に不満であることを意味する月経の困難や、性の領域における機能障害を引き起こす、女性の性役割は、既に家庭において劣ったものとして理解されたが、女性にひそかにあるいは公然と劣った役割を割り当てようとするわれわれの文化の不完全さによって促進される。そこで月経の始まりも、多くの場合、精神的な抵抗によって、ありとあらゆるトラブルを起こし、協力に準備ができていないことを明らかにするかもしれない。「男性的抗議」は様々な形でなされる。レズビアンになることは、その一つの抗議の形であり、男性の役割を演じたいという欲求である。したがって男性的抗議は「女だけが〔不利な目に遭う〕」という劣等コンプレックスの上に築かれる優越性コンプレックスとして理解することができる。

共同体感覚からの撤退

愛が支配する人生の時期においては、仕事と交友に準備ができていないのと同時に、共同体感覚から撤退する他の形も現れる。最も困難な形は、おそらく社会の要求からほとんど完全に撤退する青年の誤りに見ることができる。この精神的な病は、クレッチマーが発見したように、器官劣等性と関連している。クレッチマーの証明は、人生の始まりにおける器官のハンディキャップの重要性についての私の発見を補うものである。ただしクレッチマーは、個人心理学が行うように、このようなライフスタイルの形成にとって、劣等感が重要であることは、考慮に入れなかった。協力への準備を要求する外的な状況による絶え間ない抑圧によって神経症になることは、いよいよ頻繁になる。同様に自殺も完全な後退として、また同時に多かれ少なかれ悪意のある、人生の要求への完全な非難として増加している。反社会的な方法で社会の要求から逃れる欺瞞としての飲酒欲求、同様にモルヒネ中毒、コカイン中毒が強い力で現れた時、共同体の課題から逃れようとしている共同体感覚のない人にとっては、これらに抵抗するのは困難である。このような人の治療に経験がある人であれば、今あげたような人について、甘やかされることと、人生が楽になることを強く欲求していることの証拠をいつも示すことができるだろう。以上のことは多くの犯罪者にも妥当する。犯罪者においては、共同体感覚の欠如が今行っている活動に、同時に、勇気の欠如が既に子ども時代においてはっきりと見られる。この時期に倒錯がはっきりすることになっても驚くことではない。大抵、そのような人は、倒錯を遺伝に関係づける。その際、彼〔女〕らも、また多くの研究者も、子ども時代の倒錯現象を生まれつきのものか、あるいは何か体験によって獲得されたものと見なしている。しかし実際には、それらは、誤った方向で訓練を受けたことの痕跡であることがわかる。そして同時に常に、共同体感覚が欠如していることのはっきりとした徴候であり、これはそのような人の人生の別の面で十分はっきりと現れる。

その他の共同体感覚の試験

共同体感覚の試験は、さらに結婚生活と仕事において、また、愛する人を亡くした際に行われる。愛する人を亡くした時、残された人は全世界を失ったというが、その前から世界に何一つ関わってなどいなかったのである。財産を失ったり、あらゆる種類の失望の際にもこの試験は行われる。甘やかされた人は、失望すると、緊張した状況において、全体との調和を保つことができない。

また多くの人は、職を失うと、逆境を〔他者と〕協力して取り除くために、共同体と結びつこうとはせず、混乱に陥り、反社会的な行いをする。

〔人生〕最後の試験は、加齢と死を恐れることである。子どもという形で、あるいは文化の発展に貢献したことを意識することで、自分の不死を確信している人は、加齢と死を恐れることはない。しかし、身体が速やかに衰えたり心が動揺することは、〔死ねば〕完全に消滅することの証拠であると恐れる人は多い。よく見られるのは、迷信によって、極度に更年期の危機にぶつかった女性である。とりわけ協力ではなく、若さと美に女性の価値を認めてきた人は、その時、人目を引く仕方で苦しみ、またしばしば自分に不正がなされたかのように、敵意のこもった防衛態度を取って不機嫌になり、さらにはこの不機嫌からうつ病になることもある。これまで到達されたわれわれの文化のレベルにおいては、高齢の男女に対してしかるべき場を作れていないことを私は疑わない。そのことを可能にする、あるいは少なくとも、それを自分で作ることは、老人の不可侵の権利である。残念ながら、老年になると、多くの人に協力する意志に限界があることは、明らかである。自分が重要であることを誇張し、すべてのことを他の人よりも知っているといい、〔権利を〕制限されたと感じ続ける。そこで他の人の邪魔をし、おそらく彼〔女〕らが長い間いつも恐れていた雰囲気を作り出すことに手を貸すことになる。

いくらかの経験を積み、冷静に共感して考察すれば、実際には絶え間なく人生の課題が共同体感覚の程度を吟味しており、その試験に受かったか、しくじったかが誰にも明らかになるはずである。

第四章　心身問題

進化論的観点

われわれが身体と呼んでいるものはすべて、全体になろうとする追求努力を表していることは、今日疑いの余地はない。この観点においては、原子は生きた細胞に比べられる。どちらも他の部分を完成し、境界を定め、また他の部分を形成するきっかけを与える潜在的なあるいは顕在的な力を持っている。おそらく主たる区別は、原子が自足しているのに対して、細胞は代謝するということである。細胞と原子の中の動き、あるいはそれらの外の動きには、根本的な区別はない。電子も決して静止した状態にはなく、フロイトが死の欲求についての見解のために前提しているような静止へと向かう追求努力は、自然界にはどこにも見出すことはできない。細胞と原子を最も明確に区別するのは、成長、形の維持、理想的な目的因の追求努力へのきっかけを与える、生きている細胞の同化及び排泄過程である。

生きた細胞がどこからきたのであろうと、それに難なく永遠の自己保存を保障する（無論、考えられない条件だが）理想的な環境の中に置かれたら、常に同じままであるだろう。最も単純なケースでは、われわれが漠然と生の過程と名づけるものは、ほとんど物理的と見ることができるやむをえない困難のゆえに、何らかの〔困難の〕除去をしなければならないだろう。自然界において与えられ、たしかにアメーバにもある数千の多様性は、良好な状態にある個人を、ほとんど成功へも導き、よりよい形を与え、したがって、よりよく適応させる。この地上に存在して何兆年の間、最も単純な細胞の生の過程から人間を形作る十分な時間があった。同様に、それは環境からの攻撃の力に耐えられなかった無数の生物を滅亡させるのにも十分な時間でもあった。

ダーウィンとラマルクの根本見解を結びつけるこの理解においては、「生の過程」は、進化の流れにおいて、外界の要求への適応という永遠の目標によって、その方向を維持する追求努力と見なければならない。

外界はその問題や要求によって作り出されるが、それらは決して完全に満たされるということはないのは明らかなので、目標追求が和解して止むことはない。〔そこで〕このような目標追求においては、われわれが様々な面から考察して、心、精神、魂、理性と呼ぶものや、その他すべての「精神的部分」を含む能力も、発達したに違いない。そして心の過程を観察する際、われわれは超越的な土台の上で動いているけれども、われわれの見解においては、心は生の過程である、と主張してよい。この過程を、生の過程の一部、あるいは全体として理解するのであれ、それは本質的にマトリックス（基質）、細胞がそこから発生した生きた細胞に似たような根本性格を示しているに違いない、と主張することができる。この根本性格は、まず第一に、外界の要求と調停し勝利を収め、死を克服し、その目的のために適当な理想的な目的形相を追求する。さらに進化において、そのために準備された身体の諸力と共同し相互に影響、援助することで、優越性、完全、安全の目標に達する持続的な努力に見出すことができる。そこで身体の進化する発達におけるように、心の発達においても、外界の困難を正しく克服する方向性は、常に正しく課題を解決することによって示されている。適切な身体の発達によるのであれ心の発達によるのであれ、正しくない解決のいずれもそれが適切なものではないことは、誤りを犯す個人を破滅あるいは絶滅へと導きうるような敗北をすることからわかる。敗北の過程は、個人の範囲を超え、個人の関係者、即ち、家族を害し、一族、国家、種族をさらに大きな困難に巻き込む。進化の際はいつもそうであるように、この困難は、克服されるとしばしばより大きな成功と抵抗力へと導くことができる。しかし、多くの植物、動物、人間が、このような残酷な自己適応過程において犠牲になった。その時、概して抵抗できると見えるものが、暫定的に試験に耐えたのである。われわれはこのような考え方から、身体的過程においては、身体を行為との関係で、大体平衡状態を維持する追求努力を問題にしていることがわかる。このように、平衡状態を維持しようとするのは、外界の要求、それの長所と欠点に立ち向かって勝利を収めるためである。この過程を一面的に観察すれば、「身体の知恵」の見方へと到達する。しかし心の過程も、身体の問いを絶えず活動的な身体と心の均衡に有利なように安全に解決するようにする、この知恵を選ぶことを強いられる。到達された進化段階は、ある限度内で平衡を作り出し、子ども時代に見出された優越性の目標、即ち、個人の運動法則であるライフスタイルは活動性を作り出すのである。

それゆえ、生きることの根本原則は克服である。自己保存と身体及び心の発達を追求すること、完全さの追求が、克服に役立つ。

自己保存の努力は、危険の理解とその回避、個人の死を越えた、身体的要素を持続するための進化の道としての繁殖、協力者の精神が不滅であるような人類の発展への協力、私が言及したすべての目的に貢献した人すべての社会化された業績を含んでいる。

進化の奇蹟は、身体が絶えず生命に必要なすべての部分を同時に保持し、補い、置き換える努力をしていることに示される。怪我をして出血した際の血液の凝固、広い範囲で保障された水、糖分、蛋白質繊維の維持、血液と細胞の再生、内分泌腺の共同作業は、進化の所産であり、外部の怪我に対しての有機体の抵抗力を示している。このような抵抗力は、血液の広範囲にわたって混合が進む結果、維持され強化される。この混合によって欠乏が最小化され、利点は保持され、大きくされる。ここでも人間の社会化、共同体が有用に機能し成功を収めた。したがって近親相姦の廃止は、共同体を作る努力においては、ほとんど自明のことだったのである。

精神の均衡

精神の均衡は絶えず脅かされている。完全を追求する時、人は精神的に動揺しており、完全性の目標に対して釣り合いが取れていない、と感じる。上への追求努力において十分な段階に到達したと感じた時にだけ、安息、価値、幸福の感覚を持つことができる。〔しかし〕次の瞬間、その目標は再び人を上へと引っ張っていく。この瞬間、人間であるとは劣等感を持つことであることが明らかになる。この劣等感が絶えずそれの克服へと押しやるのである。どの方向で克服を求めるかは、求められる完全性の目標と同じくらい様々である。体験される劣等感が強ければ強いほど、克服への希求も激しく、感情の動きも強いものとなる。しかし感覚の攻撃、即ち、感情と情念が、身体の平衡に作用を及ぼさないことはない。身体は、植物性神経系、迷走神経、運動の際の内分泌の変化によって、血液循環、分泌、筋緊張、さらにほとんどすべての器官の変化をもたらすのである。これらの変化は、一時的な現象としては、自然で、人のライフスタイルに応じて異なったものになる。〔しかし〕長く持続すれば、機能的な器官神経症と呼ばれる。これも、精神神経症のように、その発生を次のようなライフスタイルに負っている。このライフスタイルは、失敗した場合に強い劣等感が生じるので、目前にある問題から退却を開始し、この退却を、生じる身体的あるいは精神的な種類のショック症状を保持することで確かなものにする傾向を示す。このようにして、心の過程は、身体に影響を及ぼす。しかし心の過程そのものにも影響を及ぼす。心の過程は、そこでもあらゆる精神的な失敗と実行及び不実行が共同体の要求に対して敵対的になるきっかけを与えるからである。

心と身体の相互作用

同様に、身体の状態は心の過程に影響を及ぼす。われわれの経験では、ライフスタイルは、最も早期の子ども時代に形作られる。その際、生得の身体の状態が、最も大きな影響を与える。子どもは最初の動きと活動において身体器官の有効性を体験する。しかし体験しても、まだ長い間そのことについて言葉も概念も持たない。環境の衝撃も全く異なっているので、子どもが自分の行為能力について何を感じるかは永遠に知られないままである。〔しかし〕統計的な推測の能力を十分慎重に用いれば、われわれの器官劣等性――消化器官、血液循環、呼吸器官、分泌器官、内分泌腺、感覚器官の劣等性についての知識から、子どもは人生の最初に過剰な負担を体験している、と判断できる。しかし子どもがハンディキャップをいかに克服するかは、その子どもの動きと努力からしか見ることはできない。どんな因果的な考察も無駄だからである。

ここで子どもの創造力が働く。子どもは計算できない可能性の範囲で努力することで、試行錯誤をした充足感を提供するように見える完成の目標に至る訓練を受け、そこに向かう一般的に決められた道をたどることになる。積極的に努力するのであれ受動的であり続けるのであれ、また支配的であれ従属的であれ、社交的であれ利己的であれ、勇敢であれ臆病であれ、リズムと気性がどんなに異なっていようと、軽快に動くかぼんやりしていようと、子どもは、自分の意味づけにしたがってその環境を理解し答えを与える。そして自分で評価することでそのような環境と調和し、全人生のために決定し、運動法則を発達させるのである。

そして克服の目標に向かうすべての方向は、人によって細部は様々なので、われわれはどのケースにおいても、典型的なこと以上のものを示す言葉を持っておらず、詳細な描写をするしかない。人は自分の道がどこに向かっているのか、個人心理学の知識がなければ、はっきりということはほとんどできない。そのため、しばしば〔実際とは〕反対のことをいう。運動法則を知って初めて説明することができるのである。われわれは、その法則によって、意味、即ち、言葉、思考、感情、行為などの表現運動の意味を知ることができる。身体がどれほど厳格にこの運動法則のもとにあるかも、身体の機能の意味が明らかにする。この身体の機能は、一種の言語であり、大抵〔通常の〕言葉よりも表現が豊かで、はっきりと意味を示す。これは身体の言語であり、私はそれを「臓器言語」と呼んできた。例えば、行動全般においては御しやすい子どもなのに、夜はおねしょをするとすれば、子どもはそのことで規則正しい生活には屈したくないという考えを明らかに表している。〔また〕勇敢であるようにふるまっていても（おそらくは自分では勇気があると信じていても）震えたり搏動が速まることで、平静さを失ったことを示しているのである。

症例

三十二歳の女性が左目の左側に強い痛みと複視を訴えた。このため、左目を全部閉じなければならなかった。この種の発作を起こすようになって、十一年になる。最初の発作は夫と婚約した時に起こった。今回の発作が起こったのは、七ヶ月前のことである。痛みは間欠的だったが、複視はずっと続いた。最後の発作は、冷たい風呂に入ったからだといい、それ以前の発作は冷たいすきま風によるものだといった。弟も同じような複視の発作を起した。母親も激しい頭痛の結果、同じく複視になった。最初の頃の発作の痛みは右目のまわりにも感じられ、一方から他方へと痛みを変えることができたという。

結婚前はヴァイオリンを教えており、コンサートにも出演し、この仕事を気に入っていた。しかし結婚後、この仕事を諦めた。今は義理の兄の家に暮らしていたが、これは彼女によれば、医師の近くにいるためだった。兄の家にいて非常に幸福だった。

家族、とりわけ父親と自分自身、さらに数人のきょうだいは短気で怒りっぽいという。私が質問して引き出し確かめた、横柄であるという事実を付け加えるならば、私が頭痛、偏頭痛、三叉神経痛、癇癪様の発作を起こしがちであると叙述したタイプの個人を扱っているのがわかる。

またこの患者は、知らない人を訪問したり会うというような精神的に緊張した時にトイレに行きたくなることも訴えた。

三叉神経痛の心因に関する著作の中で私は、器質的なトラブルによらない時は、常に感情的に緊張が高まるという事実を指摘した。このような緊張は、先のケースにおいても見られるようなあらゆる種類の神経症的な症状にはっきりと見て取ることができる。そして血管運動神経の興奮や、偏光点における血管と血液の供給の変化のようなアドレナリンシステムの興奮によって、苦痛のような症状のみならず、麻痺現象をも引き起こすことができる。

当時、私は頭蓋骨、顔の両面、脳内の静脈と動脈の非対称が、頭蓋冠、髄膜の中、さらには脳それ自体の中にも同様な非対称が見られるであろうことを明らかにする徴候ではないか、と推測した。この非対称は、おそらくそこにある静脈と動脈の流れと内径に関係している。おそらくここでも付随し近くにある神経繊維と細胞は、両半球のうちの一方の発達が弱いことを示している。そこでとりわけ神経路の流れに注目しなければならない。神経路はたしかに同様に非対称的なのだが、静脈と動脈が拡張する時に、一方があまりに狭いことが明らかになることがある。しかし感情的になる時、とりわけ怒る時だけでなく、喜び、不安になり、悲しい時にも血管の内容が変わることは、顔色、そして怒っている時には額に現れる静脈に見ることができる。このような変化は、深くに位置する層にも認められる、と推測できる。おそらく関係するあらゆる複雑さを明らかにするには、もっと多くの探求が必要である。

しかしこの場合にも、支配的なライフスタイルによって用意された怒りっぽさを証明するだけではなく、それまでの中で最も激しい発作の前の外生要因を証明することに成功すれば、早期の子ども時代からの持続する心の緊張である劣等コンプレックス、優越コンプレックス、他者への関心の欠如、自己愛、また現在の生活だけでなく、早期回想、夢の中にも、自己愛を確かめることができる。さらには個人心理学の治療に成功し、しかもそれが持続的な成功であれば、そのことで神経症的な頭痛、偏頭痛、三叉神経痛、癲癇様発作のような病気は、器質的な障害を示さない限り、ライフスタイルの変化、心の緊張の軽減、可能な限りの共同体感覚の拡張によって持続的に治癒されることのさらなる証明が与えられる。

訪問する時に尿意を催すことから、この人はすぐに興奮する人であることがわかり、尿意を催すこと、また、吃音や他の神経的な障害、極度の緊張を含む性格傾向の原因は、他の人に会うことのような外因的なものであることを示している。ここでも強い劣等感を見ることができる。個人心理学の知識のある人であれば誰でも、ここで他の人の判断に依存しようとしていること、その結果、賞賛されることを強く求めること、即ち、個人的な優越性を容易に認めるだろう。患者自身も、他の人に特別の関心はない、と説明している。そして、不安ではない、他の人と緊張しなくても話せる、という。しかし異常なまでにおしゃべりで、ほとんど一言も私に口を挟ませないのである。これは不自然な自己描写傾向の確実な徴候である。結婚生活ではおそらく支配的な人であるが、夫の無関心と静かにしていたいという夫の欲求と衝突する。夫は疲労困憊するまで働き、夜遅く疲れて帰宅し、妻と外出したり会話をしようとしないのである。人前で演奏するとなると、極度に緊張する。私がした質問は重要なものだった。「もしも健康になったら何をするのですか？」。これに対する答えを聞けば、患者が何を恐れているかがわかる。彼女はいつもある頭痛に言及して答えることを回避しようとした。左の眉に篩骨洞の深い手術痕がある。この手術の後すぐにまた偏頭痛の発作が起きた。患者はどんな形の冷たさも害を与え、発作を起こす、といいはった。それにもかかわらず、最後の発作の前に冷たい風呂に入り、彼女が考えるところでは、そのことがたちまち発作を呼び起こしたというのである。発作には前兆はなかった。時折、悪心が発作の最初に起きたが、常に起きたわけではなかった。何人かの医師による徹底的な診察を受けたが、器質的な変化は見つからなかった。頭蓋骨のレントゲン検査、血液と膀胱の検査が行われたが、結果は陰性だった。子宮の所見：未発達、前傾、子宮前屈。

私は『器官劣等性の研究』において、神経症者にはしばしば器官劣等性が見られるだけではなく（クレッチマーの研究がこのことを確証している）、器官劣等性においては、常に生殖器官の劣等性もあることが期待されることを指摘した。このことは残念ながら夭逝したカールによって証明された。次のような例がある。

患者は、弟が誕生したのを目撃して大いにショックを受けて以来、出産について常軌を逸した不安を持つようになったことが明らかになった。このことは、子どもたちに性的な事実を、子どもたちが正しく理解し、吸収できることを確信できるのでなければ、あまりに早く近づけてはいけないという私の警告が正しいことが確認できる。十一歳の時、彼女の父親が、隣人の息子と性関係を持った、と彼女を不当に咎めた。この性関係への接近は、恐怖と不安に結びついて彼女の愛に対する抗議を強化し、結婚生活においては不感症として現れた。結婚する前から、彼女は婚約者にこの先ずっと子どもを作らないという拘束する宣言を要求した。偏頭痛の発作と偏頭痛の恐れに絶えずとらわれていたので、このことは結婚の交わりを最小限にすることを容易に可能にした。しばしば非常に野心のある少女に見られるように、彼女の愛の関係はどことなく困難なものになった。後退したわれわれの文化が手を貸した強い劣等感のゆえに、この関係を、誤った女性への差別待遇として体験したからである。

個人心理学の根本的な見解である劣等感と劣等コンプレックスは、一時は精神分析家によって男性的抗議と同様、〔闘牛の前の〕赤い布と見られたが、薄められた形で組み入れられて、今日ではフロイトによって完全に受け入れられている。しかし、今日までこの学派によってまだ理解されていないことは、このような少女は絶え間ない抗議の感情にとらわれており、この感情が身体と心を奮わせ、外生要因がある時にだけ、即ち、共同体感覚がどれだけあるかが試験される時に、鋭い症状として表されるということである。

このケースでは症状は偏頭痛と尿意逼迫として現れた。持続する症状としては、結婚以来ある、子どもを出産することの恐れと不感症である。私はこの支配欲が強く、かっとなりやすい人の偏頭痛を説明するために十分な説明をしたと信じる。このような人は、先に述べたような非対称があると、偏頭痛や類似の苦痛におそわれることがあるように見える。しかし私はさらに最後の異常なまでに重い発作をもたらした外生要因を示さなければならない。

　この場合、冷たい風呂が発作を呼び起こしたことを全く否定することはできない。しかし冷たさの害についてかくも正確に、かつ長く既によく知っている患者が、七ヶ月前はただちに、彼女のいうところでは危険であるとは少しも考えずに冷たい水の中に飛び込んだことに、私は驚かないわけにはいかない。その時怒りの波が高くなったのか？　その時ひょっとして発作が起こったのであろうか？　それとも傷つけたいと思った、例えば彼女を愛している夫のような相手役があったのだろうか？　それで彼女を愛している人を、例えば罰するために復讐の気持ちから自殺しようとする人のように、冷たい水の中に入っただけだろうか？　それとも誰か他の人に怒っているので、まだ自分に対して怒っているのか？　偏頭痛について本を読むことに熱中したり、医師のところへ行って、決して健康にはなれないと確信するのは、共同体感覚を欠いているので、恐れている人生の課題を解決することを延期するためだろうか？

　彼女はおそらく夫を尊敬していただろうが、愛するというところからはほど遠く、実際に決して愛したことはなかっただろう。完全に治ったらどうするか、と繰り返して問われる質問に答えて、彼女はついに、田舎から大きな都市へ行き、そこでヴァイオリンを教え、オーケストラで演奏する、と答えた。個人心理学の推測の技法を獲得した人であれば、この答えが田舎の街から離れることができない夫から別れることを意味することを聞き分けることは困難なことではないだろう。先に義理の兄の家でどう感じているか、夫への批判について語られたことを確証として見よ。夫は彼女を非常に愛しており、彼女の支配欲求をその自然に任せるまでに比較にならないほどの最善の機会を与えているので、彼女が彼から別れることは当然非常に困難である。私は、彼女が忠告や甘言によって別れる道を容易なものにすることに警告するだろう。とりわけこのようなケースあるいは類似のケースにおいて愛人を持つことを勧めないよう警告しなければならない。このような患者は愛が何であるかをおそらく知っているが、しかし理解していないのである。そしてただひどい絶望をするばかりか、彼〔女〕らが医師の助言に従ったのであれば、あらゆることの責任を医師に負わせるだろう。このケースでの課題は、この女性を彼女の結婚に向いた者にすることである。しかしその前に彼女のライフスタイルの誤りが取り除かれなければならない。

　より詳しく調べてみると、次のことを確かめることができた。顔の左半分は右半分よりもいくぶん小さい。そのため、鼻の頭が少し左に傾いているのである。その時病んでいた左側の目は、右側の目よりも開き具合が狭い。なぜ患者は時折右側にも症状を出すかは、当時私は説明することができなかった。おそらく患者はこの課題において誤っていたのである。

　彼女が見た夢。「私は義理の姉と妹と劇場にいました。私は二人に、『少し待って、私が舞台にいるのを見せるから』といいました」。解釈はこうだ。彼女は親戚よりもいつも優っていたい、と思っているのである。劇場のオーケストラでも演奏したい。親戚から十分評価されていない、と思っている。私が基礎づけた器官劣等性とそれの心による補償についての理論が正しいことがわかる（いつか確立されるべきである私の所見は、クレッチマーとイェンシュの結論の基礎となっている）。この女性の視覚器官に、何か正常でないものがあることは、ほとんど疑うことはできない。同じことは同じ病気にかかっている彼女の兄にも当てはまる。血管の異常なのか、神経の異常なのかは、私は決めることはできない。視覚は正常であるといわれている。基礎代謝も同様である。甲状腺も表面的には変化はない。劇場と舞台の上に自分が登場する夢は、彼女が視覚的で、外への表れに関心を向ける人のタイプであることをはっきりと示している。彼女にとって、結婚と田舎に住むことは、自分をよく見せることを妨げる。妊娠と子どももこれに似た妨げになるだろう。

彼女は一月以内に完全に治癒した。その前に私は最後の発作に導くことになった外生要因を説明した。彼女は夫の上着のポケットに短い挨拶が書いてあるだけの少女の手紙を見つけた。夫は彼女の邪推を晴らすことができた。それにもかかわらず、疑い続け、それまで一度も感じることがなかった嫉妬が、この時から夫を見張らせることになった。彼女が冷たい風呂に入って発作が始まったのは、この時からだった。

嫉妬していることと虚栄心が傷ついていることが判明した後で、彼女が見た夢の一つは、彼女が依然として疑いを持ち続けていて、夫に対して用心をし不信感を持っていることを示している。彼女は猫が魚を奪い、それを持って逃げ去る夢を見た。一人の女性が、猫から魚を取り返すために後を追った。解釈は明らかで、何かを付け加える必要はほとんどなかった。彼女は比喩の言葉で（比喩ではすべてが強く響く）夫が同じような略奪をしないように準備したのである。話をすると、一度も嫉妬したことはなかったというのである。彼女の誇りがこのような不作法を禁じたからである。しかし、あの手紙を見つけてからというもの、夫の不実の可能性を考えるようになったという。このことを考えると、彼女の怒りは増した。女性が男性に依存していることへの怒りである、という。それゆえ、彼女が冷たい風呂に入ったことは、彼女が信じるところでは、自分の価値がまちがいなく夫に依存していることと、夫が彼女の価値を認めていないことに対する彼女のライフスタイルの復讐である。彼女がショックの結果である偏頭痛の発作を持っていなかったら、自分には価値がないことを認めなければならなかった。しかし、このことは起こりえたことの中で最悪のことであったであろう。

第五章　体格・運動・性格

人間の「形」への「科学的」思考

この章では人間が表す三種類の現れの形である体格、動き、そして性格が、人間の種においてどのように表明されるか、それらの価値と意味について述べよう。科学的な人間知は、当然経験を基礎にしなければならない。しかし事実を集めただけではまだ科学にはならない。それはむしろ科学の前段階である。〔科学であるためには〕集められたデータを共通の原理のもとに信頼できる仕方で整理しなければならない。怒ってあげられた拳、歯ぎしり、怒りに満ちて投げかけられたまなざし、大きな声で放たれた呪いの言葉などは、攻撃に相当する運動であるが、あまりに常識になったので、この領域においてはもはや真理により近づこう――これが科学の本質を構成するのだが――とする探求欲にはこれ以上の課題はない。新しい観点が明らかになって、これらのあるいは他の現象を、これまでの諸問題が解決されたように見えたり、あるいは〔新たな問題が〕現れる、より大きな、これまで発見されることがなかった連関の中に置くことができるならば、科学について語る権利を持つのである。

人間の器官の形や外見は、ライフスタイルとおおよそ調和し、その根本パターンを長い間変わることがなかった環境への適応の過程に負っている。適応の程度の種類は様々であり、ある何らかの目に止まるような限界が超えられた時に初めて、その形において顕著なものになる。無論、他にもまだ多くの要因が、人間の形の発達のこのような基礎に影響を及ぼす。そのような要因について次に強調したい。

1　一時的であれ、永続的であれ、生存の可能性がないある種の絶滅　ここではただ器質的な適応の法則だけではなく、大きなものであれ小さなものであれ、集団の存続に過剰な負担をかけた、戦争、悪政、社会不適応などの生存様式の誤った形が問題になる。したがって、融通の利かない遺伝の法則に加えて、例えばメンデルの法則にしたがって、適応過程において器官と形が影響を与えることも考慮に入れなければならないだろう。形の個人と集団へのハンディキャップとの関係は、機能的価値として表されることになるだろう。

2　性的な淘汰　これは、文化が拡大し交流が増した結果、形やタイプの一致を目指しているように見える。生物学的、医学的な理解によって、またそれと連関する美的感情によって、おそらく多かれ少なかれ影響されている。美的感情による場合は、変化し、誤ることになるだろう。筋肉の逞しい者、半陰陽者、豊満であること、ほっそりしていることのような美的な理想は、このような影響による美的感情の変化を示している。この変化が、文化によってかなりの刺激を受けるのは、確かである。

3　器官の相関関係　器官は内分泌腺（甲状腺、性腺、副腎脳下垂体腺）によって相関関係にある。秘密同盟を組んでいるように、共同して互いに支え合い、あるいは害を与える。そのようにして、形が存在することができる。個別には滅ぶしかないが、それらが連関すると、個人の全体としての機能的価値を本質的には損なうことはない。この全体としての作用にあって、周辺的及び中央的な神経組織が、卓越した役割を果たす。植物性神経系と組むことでその活動を促進し、身体的、精神的に適切な訓練をすれば、個人の全般的な機能的価値を高めることができるのである。異形の、まさしく欠陥がある形でさえ、個人と世代の存続を決して脅かすことはできない。なぜならそのような形は、他の力の源泉から全体としての個人の均衡が、時にはそれを超えて保たれるように、欠陥を補償するからである。先入見にとらわれない調査は、最も卓越した仕事をする能力のある人は、必ずしも容姿の優れた人の中には見出されないことを示すだろう。このことは、個人や民族の優生学は、非常に限られた程度においてしか価値を作り出すことができず、このような非常に多くの複雑な要素の重荷を負わされるので、正確な結果が出るよりも、誤ることの方がありそうなことであるという考えを起こさせる。どれほど確かな統計であっても、個々のケースにとっては、決め手にはなりえないだろう。

背が高くあまりひどくはない近視の目を持っていることは、大抵われわれの近接して行われる仕事に適合した文化においては利点であることは疑いない。目が疲れることがほとんど締め出されているからである。

およそ四十パーセントの人が左利きであることは、たしかに右利きの文化においては不利である。しかしそれにもかかわらず、最も優れた製図工や画家、手先の器用な人の中に、よく訓練された右手で見事な作品を作り出したかなりの数の左利きの人を見出すことができる。

太った人も痩せた人も種類は違っているが、深刻さにおいてはほとんど区別されない危険に脅かされている。もっとも美学と医学の観点からは、秤はほっそりした人が有利になるよう傾いている。

たしかに中手が短くて広いことは、梃子の作用が有利に働くので、重労働にはより適しているように見える。しかし機械が高度なものになったことによって、技術が発達したので、肉体重労働はますます不要なものになってきている。

外見の美しさは、その魅力から逃れることはできないが、利点だけではなく欠点ももたらす。結婚せず子どものいない人の中に、目立って姿が美しい人を見ることがある。そのような人は、子どもを産まないが、あまり強い印象を与えないタイプの人が〔外見以外の〕他の点で優れているので、子どもを産むということが、多くの人の目を引いたかもしれない。

ある状況ではどれほどしばしば期待したのとは別のタイプ――足が短く扁平足である登山家、ヘラクレスのような仕立屋、見映えはよくないが女性にもてる人を見出すことか。このような場合、精神的で複雑な要因を仔細に見ることで初めて理解できる。おそらく子どもの姿をした大人、子どものようなふるまいをするタイプの男性、臆病な巨人と勇敢な小人、醜い不具の紳士と美しい悪党、軟弱な姿の重大犯罪者と心優しい硬派に見える人を誰でも知っているだろう。

梅毒と飲酒癖が胎児に害があること、そして非常にしばしば認識できる外的な刻印を残すこと、また、このような子孫が早死にすることも、既定の事実である。しかし例外は稀ではなく、老年においてもなお壮健なバーナード・ショーの父親が、飲酒癖があったのをわれわれが知ったのは、最近のことである。

あまりに複雑なのでわかりにくい適応の法則の支配は、超越した淘汰の法則と対立している。詩人が既に嘆いているように「さればパトロクロスは葬られてあり、テルシテスは帰る」（シラー『凱旋』）。多くの男性を殺すことになったスウェーデンの戦争の後、男性の数が少なくなった。〔そこで〕法律は、病気であっても障害があっても、残った者に結婚することを強制した。国民の比較ができるならば、今日スウェーデン人は最も優れたタイプに属している。古代ギリシアにおいては、障害のある子どもたちは遺棄された。オイディプス伝説では、踏みにじられた自然の呪い、あるいはおそらく、より適切に表現するならば、人間の踏みにじられた共同生活の論理の呪いを見ることができる。

おそらくわれわれは、誰もが自分の中に人間の形についての理想像を持っており、他の人をそれにしたがってはかっている。たしかにわれわれは推測の必然性を超えることは決してない。より〔知的に〕高く飛ぶ人は、それを直観と呼ぶ。精神科医と心理学者に、われわれに内在するどの規範にしたがって人の形を判断するかという問いが課せられる。ここではしばしば人生においては限られた範囲の経験しかできないこと、大抵はステレオタイプなイメージが、子ども時代に固く保持されることが、決定的な影響を与えるように見える。ラバーテルや他の者が、ここから体系を創り上げた。このような印象が驚くほど同質であることに対応して、われわれがどのように、貪欲な、好意的な、悪意のある、犯罪傾向のある人を思い描くかは、あらゆる正当な疑念にもかかわらず、われわれの隠された、十分に吟味する悟性が、形にその内容と意味をたずねるということを否定することはできない。身体を自分のために作り出すのは精神ではないだろうか？

身体の形の意味

私はこの領域における二つの業績を強調したい。形と意味についての問題の闇に、ある光を投げかけることができるからである。カールスの貢献を忘れないようにしよう。その復活にはクレーゲスが貢献した。イェンシュとバウアーの最近の研究も看過してはいけない。しかし私はとりわけクレッチマーの『体系と性格』に関する卓越した仕事と私の『器官劣等性の研究』を取り上げたい。後者の方がはるかに古い。私はそこで生得的な身体の劣等性、即ち負の変種から、強い劣等感を生み出すことによって精神器官の中に特別の緊張へのきっかけを与える橋渡しとなるものの痕跡を見出した、と考えている。それゆえ正しい訓練を欠いている時には、外界の要求はあまりに敵対的なものとして受け入れられ、自分自身の配慮は、はっきりと自己中心的な仕方で高められる。そのことによって、心の過敏さ、勇気と決断能力の欠如、反社会的な統覚のシェーマが、結果として生じる。外界への展望は適応の妨げになり、失敗へと導くことになる。

ここでわれわれは考察の出発点に到達する。そこから十分注意して、持続する領域で、確認あるいは矛盾を目指して、形からその本質と意味を結論づけることができる。経験のある人相学者が、科学を超えて直感的にこの道を進んで行ったかどうかは、これ以上詮索しないでおかなければならない。他方、心理的訓練は、このより強い緊張から生じ、大きな業績へと導きうるということを、私はしばしば確かめることができた。私はいくらかの体験から、例えば性腺のような内分泌腺は、適当な訓練を受けることで、精神的にそして態度において促進されるが、適当でない訓練によって害されることがあるという結論を引き出しても間違ってはいないと思う。私が少女のような少年や、少年のような少女において同時に、親から企てられたのとは反対の方向の訓練を見出したことは偶然ではないだろう。

クレッチマーは、肥満型と分裂病質を外的な形の違いととりわけ心の過程によって対比して、この主題について価値のある貢献をした。形と意味の間にある橋は彼の関心の外だった。〔しかし〕彼の見事なこの事実の説明は、たしかにわれわれの問題の解明に貢献する一つの出発点になるだろう。

運動の意味

運動の意味の発見に向かえば、より確固とした土台の上で調べることができる。ここでも多くのことが推測のまま残されており、いつも全体との関連から正しく推測したかを確認しなければならない。その際、われわれは同時に個人心理学が常にどんな動きも全体としての人間から発し、その中にライフスタイルを持っていること、どんな表現様式も統一したパーソナリティから由来し、そこには矛盾するものはなく、両面価値も、二つの魂もない、という。無意識の時には意識のある時とは違っているということ——ところでこれは精神分析の狂信から由来する人為的な区分でしかない——を、意識の繊細とニュアンスを理解した人は、誰もが否定するだろう。人は自分の人生の意味づけにしたがって動くのである。

個人心理学は、表現運動の意味についての理論を、科学的に発展させることを試みてきた。この科学の内部にある二つの要素が、その数千の変種において〔運動の〕意味づけを可能にする。

一つは、最も早期の子ども時代から形作られ、不完全な状況からそれを克服し、劣等感から優越性と緊張の解消に通じる道を見つける衝動を示している。この道は、子ども時代に既に、その特性と変種において習慣的なものであり、一定の仕方で動きの形として生涯を通して示される。その形式の個々のニュアンスの理解は、観察者の芸術的な理解を前提としている。

もう一つの要素は、われわれに行為者の共同体感覚、仲間に協力する、あるいはしない程度を洞察させる。見ること、聞くこと、話すこと、ふるまい、行為についてのわれわれの判断、すべての表現運動についてのわれわれの評価と識別は、それらの貢献行動能力の価値に向けられているのである。これらの動きは、相互関心という領域において養成されたので、どんな検証においても、貢献行動への準備がどれだけできているかを示している。最初の動きの線は、常におそらく何千という形で現れる。そして死ぬ時まで消えることはない。中断されることのない時間の変化にあって、克服しようというあらゆる運動を方向づける。そして共同体感覚の要素が、この上へと向かって追求する努力の色合いを変えるのである。

今や十分注意して、最も深い統一を求めてさらに一歩前に進むことを望めば、どんなふうに動きから形ができるかを見ることを可能にする視点に到達する。生きた形の可塑性にはたしかに限界があるが、運動は、この制限の中で、時の流れにあって個人、世代、国民、種族において変わることなく効果を現す。動きは形作られた動き、即ち形になる。そこで人間知は、形の中に形を作る運動を認めるならば、形から得ることができる。

第六章　劣等コンプレックス

不十分であること――発達の欲求

人間であるとは劣等感を持つことである、と私が強調してもう長くなる。おそらく誰もが劣等感を持ったことを覚えているわけではない。多くの人はこの表現に反発を感じ、他の言葉を選びたいと思うだろう。何人かの研究者が、実際そのようにしてきているのを見ているだけに、私はこのことに反対はしない。利口ぶった人は、私が正しくないと思わせるために、子どもは劣等感を持つようになるために、あらかじめ完全無欠であると感じていたに違いない、と考える。

不完全であるという感覚は、積極的な苦しみであり、少なくとも課題が解決されず、欲求が満たされず、緊張が解かれていない間はずっと続くものである。それは明らかに自然から与えられて可能となった感覚であり、解かれることを要求する苦しい緊張に比較できる。この解放は、例えばフロイトが仮定しているように、決して快楽に満ちたものでなければならないわけではないが、快楽の感覚を伴うこともありうる。これはニーチェの見解に一致するだろう。この緊張の解放は、状況によっては、例えば自分を裏切った友人から別れることや痛い手術のように、持続する、あるいは一時的な苦悩、苦痛と結びつくこともある。恐怖を伴った終わり――通常、これは終わりのない恐怖よりも好まれる

――はこじつけによってだけ快楽として評価される。

赤ん坊が動く時、十分でないという感覚、絶え間なく完全であることと人生の要求を解決する追求努力を見せるように、人類の歴史的な動きも、劣等感とそれの解決の試みの歴史と見なすことができる。生命物質は、一度運動の中に置かれると、マイナスの状況からプラスの状況に到達することを目標にした。私が既に一九〇七年に先に引いた『器官劣等性の研究』において叙述したこの動きは、われわれが進化の概念で理解するものである。この動きは死に至ると見なすことは決してできない。むしろ外界の克服に到達することに向けられ、調停や休息の状態にも決して至らない。フロイトは、死は人間を引きつけるので、夢やあるいは他の仕方でそれがくることを望む、と主張するが、これは彼の理解においてですら性急な期待であろう。それに対して、外的な状況と闘うことよりも、死を好む人がいるということは、疑いえない。このような人は野心があるので失敗をあまりに恐れ、常に甘やかされ、他の人によって自分の負担が軽減されることを願うのである。

人間の身体は、明らかに安全の原理に基づいて作られている。メルツァーは一九〇六年と一九〇七年の『ハーバード講義』において、したがって、私が先に引いた研究とほぼ同じ時期に、より根本的で包括的に、この安全の原理に注意を喚起した。害を受けた器官は、他の器官が支え、それ自身から回復力を生み出す。全ての器官は、通常要求されていることと以上のことを行うことができる。一つの器官は、しばしばいくつかの生命を維持する機能などに十分である。自己保存の法則が定められた生命は、その生物的な発達からそのための力と能力をも獲得した。子どもたちと若い世代における分裂は、このような生命の保護の部分にすぎない。

しかし、われわれを囲む常に進歩する文化もこの保護の傾向を示しており、人間は常に持続する劣等感の状態にあることを示している。この劣等感は、より大きな安全に達するために、われわれを常にさらなる行為へと駆り立てる。このような追求努力に伴う快楽と不快は、この道で得られる援助と褒賞にすぎない。甘やかされた子どもの世界像が要求するように、与えられた現実に適応することは、他の人の追求する努力の搾取にほかならないであろう。絶え間なく安全を追求することは、よりよい現実のために今ある現実を克服する方へと促す。人間が生きていくことは、このような前へと押し動かす文化の流れがなければ不可能だろう。人間は、もしも自然の力を自分のためになるように用いなかったら、それに屈していたに違いない。人間は、人間よりも強い生物が人間の勝利者にしたであろうすべてのことを欠いている。気候の条件は、服によって寒さから身を守ることを人間に強い、その服を人間よりよく守られている動物から取る。人間の機構は、人工的な住まい、人工的な食事の準備を要求する。人間の生は、労働の分業と十分な繁殖によってのみ確かなものにされる。器官と精神は、常に克服と安全のために働く。人生の危険を知り、死を意識しているということがここに加わる。自然に継母のように扱われた個々の人間に、強い劣等感が恵みとして与えられ、その劣等感が人をプラスの状況、安全、克服へと促すということを誰が真面目に疑うことができるだろうか？　そして頑固な劣等感に対する、この恐るべき強制的な反抗が、人間の発達の基礎として、どの乳児、小さな子どもにおいても新たに覚醒され、繰り返されるのである。

子どもの成長における劣等感

子どもは、初めから身体と心の発達を促す、この上への発達の強制の下にある。また人間は生まれつき克服を追求するようになっている。子どもが小さいこと、弱いこと、自ら作り出す満足がないこと、多かれ少なかれ軽視されることが、子どもを力を発達させることへと駆り立てるものである。新しい、そしておそらくは、決して存在することがなかったライフスタイルが、不十分な存在の圧力から創り出される。子どもたちの遊びは、常に未来の目標に向けられており、決して条件反射では説明することができない自己創造的な力の印である。子どもは、克服の必要に駆り立てられて、絶え間なく未来の空白の中へと自らを築く。子どもは人生の「なければならない」に呪縛されて、絶えず大きくなる希求を、避けることができない要求と共に、自分に割り当てられたこの地上での運命を越えていくという最終目標へと結びつける。そしてこの子どもを下から上へと引っ張っていく目標は、子どもが克服を追求する小さな環境において、色とトーンを獲得する。

私には、ここでは一九一二年に私の本、『神経質的性格について』の中で根本的なものとして発表した理論的な考察のためには、わずかな場所しかない。

もしも進化によって確かめられるような克服の目標があるならば、この目標に向けて子どもの中で獲得され具体的になった進化の程度は、さらなる発達のための材料になる。いいかえれば、子どもの遺伝は、身体的なものであれ精神的なものであれ、可能性の中で表現されると、最終目標のために使うことができ、かつ実際使われる限りにおいて価値があるのである。個人の発達の中で後に見出されるものは、遺伝材料を使用することから生じたのであり、その完成を子どもの創造力に負っている。私自身も、この材料が誘因であることについては、特に強調した。しかし私は、この材料に因果的な意味があることを否定しなければならない。多様な形を現し、絶えず変化する外界は、この材料を創造的に柔軟に使用することを必要とするからである。克服の方向は、克服の目標が世界の流れの中で具体的な形を受け取るとすぐに、一人ひとりに別の方向を指示するけれども、絶えず保たれているのである。

劣等器官、甘やかし、無視は、しばしば子どもに、個人の幸福と人類の発展に矛盾する克服という具体的な目標を立てさせる。しかし、因果律からではなく統計的な蓋然性から、道を誤るのは、〔知的な〕誤まりによるということをわれわれに正当化するのに十分な数の他のケースと結果がある。即ち、どんな悪意も違って見え、ある世界観に固執する人は皆そこに違った視点を示すということ、さらにどんなポルノ作家も自分の個性を持っており、どんな神経症者も、ちょうど犯罪者がそうであるように、自分を他の神経症者と区別するということを考慮しなければならない。そしてまさにこのように、どの個人にも差異があるということに、子どもが自身の創造力を持っているということ、生得の可能性と能力が、使用され利用されていることが示されているのである。

同じことが環境要因と教育の方法に当てはまる。子どもたちはそれらを受け入れ、自分のライフスタイルを具体的なものにするために用いる。そして目標を自ら創り出し、それに頑固に固執し、それに従って認識し、考え、感じ、行動するのである。一度個人の動きがとらえられたら、この世界のどんな力にも運動が向かう目標がある、と仮定しないわけにはいかない。目標のない動きはないのである。この目標は決して到達されることはない。このことの理由は、人間は決して世界の主にはなることができないという人間についての原始的な理解にある。そこで、このような考えが一度思い浮かんだら、それを奇跡あるいは神の全能の領域へと移し替えなければならない

劣等感は精神生活を支配し、不完全であり成就していないという感覚、絶え間ない人間と人類の追求努力から容易に理解できる。

日々の、また人生の無数の課題はいずれも人を攻撃態勢へと置く。どの運動も未完成から完成へと進む。私は一九〇九年に「人生と神経症における攻撃衝動」においてこの事実をより明らかにすることを試みた。そして進化の強制によって生じたこの攻撃準備態勢は、ライフスタイルから発したものであり、全体の一部であるという結論に達した。それを根本悪と解し、生得的なサディスティックな衝動から説明するための口実は何もない。もしも精神生活を、方向も目標もない衝動に基づかせるという絶望的な試みを行うのであれば、少なくとも、進化の強制も、進化の過程で与えられる人間の中にある共同体への傾向も忘れてはならないだろう。あらゆる社会階層の無批判的な人が、この甘やかされた人の、したがって、ひどく絶望した人の精神生活についての誤解された考えを、精神生活についての根本的な教えとして受け入れるということは、甘やかされ絶望した人が多いことを思えば、驚くには当たらない。

それゆえ、子どもが最初の環境に適応することは、この子どもの最初の創造的な行為である。子どもは劣等感によって自分の能力を用いることで創造的な行為へと促されるのだが、場合によって様々なこの適応は、最終的には形（凍結された運動）——安全と克服の目標を約束しているように見える生の形（ライフスタイル）としてわれわれが理解している動きである。このような発展には限界がある。それは一般的に人間としての限界であり、全般的及び個人的な進化の段階によって与えられたものである。しかし、すべてのライフスタイルが、この段階を正しく利用しているというわけではなく、それゆえ進化の意味と矛盾していることがある。私はこれまでの章で、人間の身体と精神の完全な進化は、個人がそれを得ようと努めなければならない理想的な共同体の枠の中で追求し、活動するものとして組み込まれる時に、最もよく保障されることを示した。

人間の進歩における共同体感覚の位置

意識的であれ無意識であれ、この観点を正しく評価している人とそれを考慮に入れずに正しく評価していない人の間には、橋を架けることができない裂け目が大きく開いている。そのような人の間にある矛盾は、人間世界を小さな諍いと激しい闘いで満たす。努力する人は人類を幸福に導き、それに貢献する。しかし抵抗する人も決して価値がないというわけではない。大きなあるいはわずかな害を与える失敗と誤りをするので、よりいっそうの努力をすることを他の人に強いるからである。そこで彼〔女〕らは「常に悪を欲するが、それでいて善を創り出す」精神に似ている（ゲーテ『ファウスト』）。他者に批判的な精神を呼び覚まし、より優れた洞察を得る助けとなり、創造的な劣等感に貢献するのである。

したがって、個人と共同体の発展の取る方向は、共同体感覚の程度によって規定される。それによって正しさと不正を判断するためのより確固とした観点が獲得されるのである。教育と治療のためだけでなく、誤りからの逸脱を判断するためにも思いがけないほどの確実さを提供する方法が示される。用いられる基準は、実験が呈示しうるものよりもはるかに厳しい。ここでは人生そのものが試験になるからである。どんなにわずかな表現運動からも、共同体への方向と距離を調べることができる。例えば、有害な症状や共同体の害悪をはかる現行の精神分析の基準と比較すると、おそらく精神分析も、上に向かって努力する共同体に束縛されて、その方法を洗練することを試みているけれども、個人心理学の方法が絶対に有利であることがわかる。有利であるというのは、個人心理学が、非難するのではなく、よりよくすることに努めるからであり、罪を個人から取り去り、われわれの文化の失敗に割り当てるからである。その失敗には、他のすべてのものが共に責任があるのであり、それを除去するためには協力することが求められる。共同体感覚を手に入れるために、今日われわれがまだ共同体感覚を強化することを、それどころか共同体感覚を獲得するために共同体感覚そのもののことを考えなければならないということは、今までのところ到達された進化の程度がわずかであるということである。未来の世代が、共同体感覚を、われわれが、息をすること、直立歩行、あるいは絶え間なく網膜の上を動く光の印象を静的な像として見ることと同じ程度に彼〔女〕らの人生に組み入れてしまっているだろうことは疑いない。

　人間の精神生活における共同体を促進するものである「汝の隣人を愛せよ」を理解しない人も、即ち、「内なるならず者」を人間の中に発見することだけに努力し、ただ狡猾に見つかることや罰せられないように隠れている人も皆、上へと努力する人類のための重要な肥料であり、奇妙に誇張された仕方で発達が遅れていることを示している。そのような人の劣等感は、他のすべての人は無価値であると確信することで個人的に補償することを求めている。私には、時折、今まで共同体感覚に至る道がはっきりしないことを、共同体に有害な考えやライフスタイルを是認し、現在のみならず、未来の共同体の救済の名のもとに、それらを強いるために利用するという形で、共同体感覚を誤用することは、危険に見える。死刑、戦争、あるいは敵対する者を殺すことさえも擁護する手強い人がいる。そのような人は、常に自分を共同体感覚のマントで飾り立てる。これは共同体感覚が全能であることの証拠であるということではないか！　むしろこれらすべての時代遅れの考えが、よりよい、新しい道を見出すという自信の欠如、したがってまぎれもなく劣等感から由来していることの明らかな徴候である。

犯罪行為

歴史教育は、人を殺したからといって進歩した思想を変えるわけではなく、滅ぼうとしている思想が崩壊するのを妨げるわけではないということをすべての人に教えるべきであった。しかし私が見る限り、人を殺すことを唯一正当化しうる場合がある。自分や他の人の生命が危険にさらされる時に自衛する場合である。シェークスピアは、理解されることはなかったが、『ハムレット』において、他の誰よりもこの問題を明らかにした。彼は、ギリシアの詩人のように、すべての悲劇の中で、殺人者と犯罪者を、血とエリニュス（復讐の女神）によって死へと駆り立てられた。これは、今日よりもひどく血なまぐさい行為が、共同体の理想に近づき勝利を収めた努力した人の共同体感覚をずっとさせた時代のことである。

犯罪者の誤りはすべて、彼〔女〕らの共同体感覚が到達した極限をわれわれに示している。それゆえ人類の中の前へ向かって努力する人たちには、共同体感覚の中で教育を受けなかった人を啓蒙して正しく教育するだけではなく、共同体感覚の訓練を受けていない人のためにあまりに困難な試験を性急に課さないという義務がある。またそのような人が、共同体感覚が発達している時にだけ行うことができるであろうが、共同体感覚を欠いていれば決してできないであろうようなことをできるかのように見なしてはいけない。なぜなら準備されていない人は、強い共同体感覚を必要とする問題にぶつかった時に、ショックを受けるからであり、そのことが劣等コンプレックスを発達させ、あらゆる失敗のきっかけを与えることになるからである。犯罪者の構造は、活動性を備えているが、共同体にはほとんど適していない人のライフスタイルをはっきりと示している。このような人は、子ども時代から人生について、他者の貢献を搾取する資格があるという考えを発達させている。このようなタイプはもっぱら甘やかされた子どもに見出されるが、無視された子どもにはあまり見出されないということは、もはやこれ以上長く知られないままであってはいけない。犯罪を自己処罰と見なし、子どもの頃の性的な倒錯の原型に、また時にはいわゆるエディプス・コンプレックスに帰することは、実際の人生において比喩に夢中な人は、あまりに容易に直喩と暗喩の網み具にからめとられるということを理解すれば、容易に反駁できる。ハムレット「この雲は駱駝のように見えないかね？」。ポローニアス「まったく駱駝のようです」

共同体感覚と感情の発達

便秘、おねしょ、母親から離れられずに母親に並外れた仕方で愛情を向けることなどのような子どもの失敗は、明らかに甘やかされた子どもの徴候である。そのような子どもの人生空間は、母親を超えないばかりか、正しく世話をすることが母親の課題であるような働きの中にもない。このような子どもの失敗に指吸いや便秘の時のようなくすぐったいという感覚が割り込んでくれば――これはたしかにその感覚が鈍くはない子どもに起こりうるのだが――あるいは発生しかかっている性的な感覚が、甘やかされた子どものパラサイトな生活に母親と結びつくことで入り込んでいるならば、このことはまず第一に、甘やかされた子どもが脅かされる合併症であり結末である。しかしこのような子どもの失敗や、また子どものマスターベーションにしがみつくことは、子どもの関心を、様々な理由から、とりわけ甘やかされたことで学ばれなかった協力の道から、楽であること、共生から免除されることを求めることへと逸らすことになる。このことは、大抵母親と子どもの結びつきの「安全」が、母親の注目が増すことで強化されることなしには起こらない。このことは、フロイトが私の安全の概念を誤って解釈したような例えば防御ではない。共同体感覚の欠如と強化された劣等感が密接に結びついていることは、既に子どものライフスタイルのこの段階ではっきりと示される。大抵は誤って敵対的な環境の中にあるとされる人生の表現形式である、あらゆる特徴、即ち、過敏、焦燥、情緒の強化、人生への臆病、注意、貪欲を伴っている。このうち貪欲は、すべてが子どもに属しているべきであるという要求から起こる。

　人生における困難な問題――危険、苦しみ、幻滅、心配、喪失、とりわけ愛する人たちの喪失、あらゆる種類の社会的な抑圧は、われわれが不安、心痛、絶望、恥じ、恐れ、困惑、嫌悪感などとして知っている感情や気分の状態の形で、おそらく常に劣等感のイメージの中に見ることができる。劣等感は顔の表情や身体の姿勢にも表される。その際、筋肉の緊張が失われるかのようである。あるいはその運動の形は、大抵興奮させるものからや持続する問題から距離を取ることとして現れる。その際、思考領域では、回避の目標に一致して、退却しようという考えを起こす。感情の面では、知ることができる限りにおいて、興奮するという形で退却しようという衝動を強化するために、不確かさ、劣等性の事実を反映する。人間の劣等感は、常は前へ進む努力の中に芽生えるが、人生の嵐の中でははっきりと、困難な試験の際にも、十分はっきりと見ることができる。劣等感は、どの場合も表現は様々だが、全てを考慮に入れて、人生のあらゆる状況で統一的に現れる個人のライフスタイルを表している。

　しかし先に述べた感情を克服しようとする時にも、自分を奮い立たせること、怒りにおいても、また嫌悪や軽蔑においてすら、劣等感によって駆り立てられ、優越性の目標に強いられるような〔積極的な〕ライフスタイルの働きを必ず見て取らなければならない。最初の〔知的な〕ライフスタイルが、危険にさらす問題から後退する線に固執することで、神経症、マゾヒスティックな行動を導きうる一方で、後者の〔感情的なライフスタイルの〕形においては、神経症的な混合形は別として、ライフスタイルに応じて、より活動性の強いスタイル、例えば自殺傾向、アルコール依存症、犯罪あるいは他の倒錯を見ることができる。このような活動性を、人生の共同体を促進する面においてだけ見ることができる勇気と取り違えてはならない。

ここでは似たようなライフスタイルが新しく形成されることが問題になっているのであって、フロイトが「退行」と呼んでいるような虚構の過程が問題になっているのではないことは明らかである。このようなライフスタイルが以前のそれに似ていること、あるいは、そのライフスタイルの細部が似ているからといって、それらが同じであると見なしてはならない。そしてどんな生物も、その精神的、身体的な資本の蓄積を自由に使えるが、他のものは使えないという事実を、幼児的なあるいは原始人の段階への後戻りと見てはいけない。人生は共同体の課題を解決することを要求する。そこで、たとえ〔感情的な〕行動拡張の手段を過去から取るとしても、どんな行動も常に未来を指し示しているのである。

共同体感覚欠如の結果

すべての人生の課題に対して適切な準備ができていないことは、共同体感覚——協力、博愛、あるいは理想我など何と名づけてもいいが——の欠如に常に端を発している。共同体感覚を十分準備できていないことは、問題と直面して、あるいはその中にあって、何千という身体的あるいは精神的な劣等性と不確実性という形で表される。このような欠陥は、早い時期でもあらゆる種類の劣等感を引き起こす。しかしそのような劣等感は、はっきりと示されないだけで、性格、行動、態度、劣等感によって導き出された思考様式、進歩からの逸脱に表現されている。

　共同体感覚が欠如しているがゆえに強化される劣等感のこれらの表現形式のすべては、問題が危機的である時、「外生要因」が現れる時に明らかになる。この外生要因は「典型的な失敗」の場合には必ずあるが、誰にでも見出されるわけではない。「典型的な」失敗を最初に創り出すのは、ショックを保持すること、強い劣等感によって抑圧された状況を軽減しようとする試み、マイナスの状況から脱しようとする絶え間のない追求努力の結果である。しかしこれらの場合のいずれにおいても、共同体感覚が優位であることには異論の余地はなく、「善」と「悪」の区別も消えない。この場合も、共同体感覚の圧力を強調する「はい」が見出されるが、より強い力を持ち、必要な共同体感覚の強化を妨げる「でも」が常に後に続く。この「でも」は典型的であれ個別的であれ、あらゆる場合で異なったものである。治癒の困難は、この「でも」の力の強さに比例する。「でも」は自殺とショックの後に起こる精神病において最も強く表されるが、その時「はい」はほとんど消える。

神経症と心身症的障害

不安、恐れ、内向性、悲観主義のような性格特徴は、長年にわたる〔他者との〕接触能力の欠如を特徴づけ、運命によってさらに厳しく吟味された時、大いに強化され、例えば神経症の中に多かれ少なかれ際立った病気の特徴として現れる。同じことは、ゆっくりとした動きに当てはまる。これは、人を常に不利な立場に置き、目前にある問題に対して、目立った距離を取る人に特徴的である。このように人生の後方にいることを好むことは、個人の思考様式と論証によって、時には強迫的思考あるいは不毛な罪悪感によってかなり強められる。容易に理解できるように、罪悪感が距離を作り出すのではなく、全体としての個人の問題のある傾向と準備が、前に進むことを妨げるために罪悪感を持つことが有利であると見るのである。例えばマスターベーションによって罪悪感を持つことが何の根拠もない時、そのような自分を責めることは、前に進まないための適当な口実になる。人生を振り返って、多くのことが起こらなかったらよかったのにと思うことは、このような人にとって関与しなかったことの見事な口実として有効なのである。

神経症や犯罪のような失敗を、このような欺瞞に満ちた罪悪感に帰したいと思うことは、状況の深刻さを誤認しているのである。共同体感覚が欠如している時に取られる方向は、共同体の問題に直面してためらっていることを常に示している。その際、身体が変化することによる大きなショックは、他の道に向かう力になる。この身体の変化は、おそらく身体の全体を一時的なあるいは持続する無秩序の中に置くが、大抵、生得的な器官劣等性の結果であれ、過度に注目を受けることの結果であれ、精神の障害が最も強く反応する場所に、顕著な仕方で機能障害を起こすことになる。機能障害は、筋肉の緊張の萎縮あるいはそれの興奮、即ち、髪の毛が立つこと、急激な発汗、心臓、胃、腸の障害、呼吸困難、咽喉の締め上げ、尿意逼迫、性的興奮あるいはそれらの反対の状態において見ることができる。困難な状況の時に、家族の中で似たような障害が、準備されているのがしばしば見られる。頭痛、偏頭痛、激しい赤面、顔面蒼白が起こることもある。

新しい研究、とりわけキャノンとマナニョンらによる研究によって、次のことが確かめられた。交感アドレナリン神経と副交感神経の頭蓋と骨盤の部分が、大抵のこれらの変化に傑出した仕方で関与していること、これらは、したがって、すべての種類の感情に異なった仕方で反応するということである。そのことによって、われわれの昔からの推測も確かめられる。即ち、われわれは内分泌腺（甲状腺、副腎、下垂体、性腺）は外界によって影響され、ライフスタイルに応じて主観的に感覚された強さにしたがって精神の印象に反応する、と推測したのである。つまりこの反応は、正常な場合には、身体的な平衡を確立するために起こり、人生の課題に十分適応できていない場合は、極端で過剰補償した形で反応する。

個人の行動

個人の劣等感は、それがどんな方向を取るかによってもわかる。私は既に人生の課題からの大きな距離、〔課題の前で〕立ち止まること、そこから離れることについて語った。このような過程が時折正しく、共同体感覚に応じたものである、と示されることは疑いない。この観点が正当化されることは、とりわけ個人心理学にとって当然のことである。なぜならこの科学は、規則や規定に制約された妥当性しか割り当てないが、個人心理学はそれを確証するためには常に新しく証明をしなければならない、と見なしているからである。このような証明の一つは、先に表された動きにおける習慣的な態度がある。「ためらう態度」以外の劣等感を疑わせる行動は、人生の課題を前にしての、全面的であれ部分的であれ、それを回避することに観察することができる。全面的には、精神病、自殺、習慣的な犯罪、習慣的な倒錯に、部分的には、飲酒癖や他の嗜好に見ることができる。

さらに、最後の劣等感から発する行動の例として、生活空間を顕著に制限すること、歩く距離を制限することをあげよう。このようにすることで人生の課題の重要な部分が排除されている。芸術家や天才のように、誰かが共同体の育成のために、より大きな貢献をすることを目的として人生の課題の個々の部分の解決を放棄する場合は、ここでも例外にしなければならない。

劣等コンプレックス

あらゆる典型的な失敗における劣等コンプレックスの事実については、既に私は長く明らかにしてきた。しかし、私はここで最も重要な問題を解決するために、長く取り組んできた。人生の課題にぶつかった時に、劣等コンプレックスはどのようにして身体と精神の結果を伴った劣等感から生じるのかという問題である。私の知る限りでは、この問題は今までに解決したどころか、常に多くの研究者の観察の背景にあった。私は、部分は全体から、全体は部分から説明されなければならない他のすべての問題に関する場合と同様、個人心理学の領域の中で解決することができた。劣等コンプレックス、即ち、劣等感の結果が持続する現象に固執することは、共同体感覚を比較的多く欠いていることから説明できる。同じ体験、同じ夢、同じ状況、同じ人生の課題も、たとえそれらが絶対的に等しいとしても、どの人の場合にもその作用は違ったものになる。その際、ライフスタイルとそこに共同体感覚が含まれているということは、決定的に重要である。

時折、共同体感覚を持っていないことが確かである人（私はこのことの確認はただ非常に経験的な観察に負いたい）が、一時的に劣等感の現象を示すが、劣等コンプレックスは示さないということがある。このようなことを、共同体感覚はほとんど持っていないが、外的な状況が有利な人に時折見ることができる。劣等コンプレックスの場合は、いつも、これまでの生活に、つまりこれまでの行動、子ども時代の甘やかし、劣等器官があること、子ども時代に軽視されたという感覚に確認することができる。治療においては引き続き詳しく述べる他の個人心理学の方法が使われることになるだろう。即ち、早期回想の理解、全体としてのライフスタイルに関する個人心理学の経験、家族の中の誕生順位のライフスタイルへの影響、個人心理学による夢の解釈である。劣等コンプレックスの場合も、個人の性的な行動と発達は、全体の部分にすぎず、劣等コンプレックスに完全に取り入れられている。

第七章　優越コンプレックス

優越性コンプレックスの特徴（1）

読者が、劣等コンプレックスの場合は、一体どこに優越性の追求を見つけることができるかと問うのは当然である。われわれがこの追求を劣等コンプレックスの非常に多くの場合に説明することに成功しなければ、個人心理学の科学は異論に答えないということで失敗することになるだろうからである。しかし、この問題の大部分は、既に答えが与えられているのである。

優越性の追求は、公然とあるいは隠された勇気のなさに表されている共同体感覚が欠如しているので、失敗が差し迫っているように見えるとすぐに、人を危険な立場から投げ返す。優越性の追求は人を共同体の問題からの退却線にしがみつかせ、その問題を回避することを強いることもある。それは「はい、でも」という矛盾にしがみつき、「でも」に重きを置く考えを押しつけて、その思考世界をあまりに呪縛するので、ほとんどショックの結果にだけ関わるようになる。ここでは、子ども時代から正しい共同体感覚を持たず、ほとんど自分のこと、自分の快あるいは不快にばかり関わってきた人が問題になっているので、このことはいっそう容易に起こる。

ついでながら、この場合、不調和なライフスタイルがとりわけ明瞭に精神生活の部分を発達させた三つのタイプを区別することができる。最初のタイプは、思考領域が表現形式を支配する人に関わる。二番目のタイプは、感情と欲動の生活が勢いよく発達することを特徴とする。第三のタイプは、活動性の方向においてより発達する。当然この三つの面のいずれか一つにおいてだけ完全に失敗することは決してない。それゆえ、どの失敗も、持続するショックの中、ライフスタイルのこれらの面もはっきりと示す。一般に犯罪者と自殺者においては、活動性の部分がより多く前に押し出されて現れるが、大抵の強迫神経症や精神病のように、思考的な材料がより強く強調されるのでなければ、神経症の部分は、感情の面が強調されることで際立つ。嗜癖のある人は常に感情的な人であろう。

優越性コンプレックスの社会的意味

しかし人生の課題を達成することから逃避することは、人間社会に課題を押しつけ、それを搾取の対象にする。誰か一人でも協力しなければ、そのことは、他者の、即ち、家族あるいは社会による余分の労働によって補われなければならない。協力しないことは、共同体の理想に対する無言の理解されていない闘争であり、共同体感覚の発展には役立たない、共同体の破壊を意図する、絶え間ない抗議である。協力と常に対置されるのは、個人的な優越性である。このことから、失敗するのは〔他者と協力する〕仲間へと成長することが妨げられ、正しく見ること、聞くこと、話すこと、判断する能力を欠いている人であることがわかる。このような人は、コモンセンスではなく、「私的知性」を持っている。それを正しさから逸れることを確かなものにするために抜け目なく利用する。私は、甘やかされた子どもは、他者に貢献させようと常に努力するパラサイトである、といった。ライフスタイルが、このような他者による貢献の搾取から形作られるのであれば、失敗する人のほとんどは、他者の貢献を、甘やかし、所有、物質的あるいは精神的な努力など何であれ、自分のものと見なしているということが理解できる。

共同体は、このような不当干渉からどんな強い手段や言葉で自らを守るにせよ、理解からよりは最も深い衝動から、当然、穏やかで寛大な処置をしなければならない。なぜなら、誤りを罰したり復讐しないでそれを説明し取り除くことが、共同体の永遠の課題である。しかしそのようなことは〔常に共生の強制に抗議することであり〕、共同体感覚の訓練を受けていない人には、耐えられないことであり、私的知性に反し、個人的な優越性が脅かされているように思える。誰もが多い、少ないの違いはあっても、共同体感覚に税を払わなければならないかのように、誤りと失敗を規範から外れ正しくないことと見ることは、共同体感覚の力の特徴である。科学的であると思い込んでいる、時には天才的な傾向に恵まれている研究者ですら、人為的に養われた個人的な力への意志を変装されたものと見て、それを悪しき根源的欲求、人間を超えたもの、サディスティックな根源的欲求と見なし、理想的な頂点にある共同体感覚に敬意を表することを強いられていると見ている。目標を見据えている犯罪者ですら、計画を立て、行動を正当化する理由を、自らの行動を反社会的な行為から分かつ限界を超えるところまで探さなければならない。理想の共同体感覚という永遠で固定した観点から見れば、どんな誤りも個人的な優越性の目標を目指す欺瞞的な試みに見える。

共同体において失敗から逃れることは、このような人の大部分にとっては、優越感と結びついているのである。そして失敗を恐れることが、彼〔女〕らを絶えず協力者の仲間から遠ざけようとする時、人生の課題から遠ざかることを〔負担の〕軽減、特権として体験したり享受し、このようにして他者よりも優位に立つことになる。神経症の場合のように、苦しい時でさえ、有利な立場の中へと置かれる。たしかに苦しむことになるのだが、苦難の道がいかに彼〔女〕らを人生の課題から解放することになるかを知らないのである。苦しみが大きければ大きいほど、悩みは少なくなり、実際の人生の意味から解放される。この苦しみは、人生の課題からの軽減と解放と切り離すことができないので、表現形式を全体の一部として理解すること、そればかりか共同体から課せられる問いへの答えであることを学んでこなかった人には、自己処罰としか見えないであろう。そのような人は、神経症者が神経症的な苦しみを見るのと同じように、それ自体独立したものと見るだろう。

読者や私の見解に反対する人は、卑屈、従属すること、他者への依存、怠惰、劣等感のはっきりとした徴候であるマゾヒスティックな性格特徴さえもが、安心の感覚、さらには特権の感覚を生じさせることを認めるのは最も困難なことであろう。それらが共同体感覚を必要とする人生の課題の積極的な解決に対する抗議であるということは、容易に理解できる。同様に、そうすることが、共同体感覚が要求する時に、失敗を免れようとする欺瞞的な試みであるということも容易に理解できる。このような人は、ライフスタイル全体から明らかになるように、共同体感覚をわずかしか持っていないのである。その際、勤勉を要する課題は、他の人に割り当てられるか、あるいはそのような課題をマゾヒズムの場合のように、しばしば他の人の意志に反してまで押しつけさえもする。失敗のあらゆる場合に、人が譲られた特別な地位をはっきり見ることができる。この地位に時に苦しみ、不平、罪悪感で償おうとするのだが、共同体感覚への準備が欠けているので「一体私が世界を配分した時にお前はどこにいたのか?」という問いがなされた時（『ヨブ記』三十八章四節）、成功したアリバイを与えるように見える場所から移動しようとはしない。

優越性コンプレックスの特徴（2）

優越性コンプレックスは、私が述べてきたように、大抵、態度、性格特性、自分の超人的な才能と行動能力についての考えにはっきりと見られる。それは自分や他者への誇張された要求にも見られるだろう。自惚れ、お金をかけた、あるいはかけていない外見についての虚栄心、流行遅れの服、女性における誇張された男性的な態度、男性における女性的な態度、高慢、感情の横溢、俗物主義、自慢、僭主のような本性、不平をいうこと、私が特徴的であると述べた軽んじる傾向、過剰な英雄崇拝、有名人になれなれしく近づいたり、弱い人、病気の人、背の低い人に命令する傾向、自分の特徴を強調すること、他の人の価値を下げるために価値のある考えや傾向を誤用することなどは、優越性コンプレックスを見つける手がかりになる。同様に怒りのような感情を高めること、復讐心、悲しみ、熱中、習慣的な大声での笑い、聞き流すこと、他の人に会った時に目を逸らすこと、会話を自分の方に向けること、取るに足らない機会に興奮することを常とすることは、非常にしばしば劣等感を示し、最後は優越コンプレックスに終わる。空想を信じやすいこと、またテレパシーや、予言的な霊感やそれに類した能力を信じることも、優越コンプレックスがあるのではないかと思わせる疑いを引き起こすのは、当然である。

警告の言葉

共同体の理念に心服している人、また誰に対してもその理念を無思慮に押しつける人に、この理念を克服（優越）コンプレックスのために利用しないように警告したい。同じ警告は、劣等コンプレックスとそれを偽装する上部構造の知識にも妥当する。どちらのコンプレックスも軽率に使うと自分がそれを持っているのではないかと他の人に疑われることになる。そしてそうすることで、敵意を、しかもしばしば正当な敵意を持たれることになる。

また、このような事実を正しくつきとめた時に、人間が誤るものであるということを忘れてはならない。これは、高潔で価値ある人も優越コンプレックスの失敗をすることがありうるということを意味する。バルブスが非常に見事にいっているように「親切な人も時には軽蔑の感情を払いのけることはできない」ことはいうまでもない。

他方、これらの取るに足らないあまり飾られていない特色は、個人心理学のサーチライトを人生の重大な課題における失敗に向けることができる。そうすることで、人生の課題を理解し説明することができる。言葉もきまり文句も、保障された魂のメカニズムの知識でさえ、個々のケースを理解することには何の役にも立たない。タイプについてのわれわれの知識も同様である。しかしタイプは、推測を用いれば、一定の視野を照らすことができ、そうすることで、個性の一回性を見出すことを期待することができる。どれほどの程度の共同体感覚を補わなければならないかに注目しながら、われわれはこの一回性をカウンセリングにおいて説明しなければならない。

さらなる考察

短い概括のために、人類の発展過程における主導的な考えをその核心が現れるまで蒸発濃縮すれば、最後に、異なった時期に連続して人間の行為のすべてにその価値を与える三つの明確な運動の線を見出すことができる。おそらくは数十万年の牧歌的な時代の後、「産めよ、増えよ」の命令にしたがって（『創世記』一章二十二節）、肥沃な大地が手狭になった時、人類は救済者の理想としてチタン、へラクレス、あるいはインペラートルを作り出した。今日まで、英雄崇拝、闘争心、戦争において、あらゆる階層において次第に遠く過ぎ去った時代の強い余韻を見る。それらは高い層でも低い層でも、人類の興隆のために最善の道として賞賛されている。肥沃な大地の狭さから生まれたこの筋肉の衝動は、当然、より弱いものを縛り上げ、根絶することへ首尾一貫して導く。重量級の選手は、単純な解決を愛する。食物がわずかしかなければ、それを自分のものにすることを要求するのである。また簡単で明解な計算を好む。それが自分の利にかなっているからである。われわれの文化の横断面においては、このような思考過程は広い空間を占めている。女性はこの種類の直接の行動からはほとんど締め出されており、ただ産婦、賛美者、看護婦としか見られていない。しかし生存の手段は大いに増した。いよいよ増え続けるだろう。このような複雑な権力追求の精神はもう不条理ではないか？

　未来や子どもたちに対する心配もある。父親は子どもたちのために節約し貯めこむ。後世のために心配する。来るべき世代のために心配するのであれば、同時に自分の世代の少なくとも三十二人の子孫の心配をしていることになる。そしてその後の世代は、同じ要求を子どもたちにもする。

　商品は悪くなる。それを金に換えることができる。商品価値を金の形で貸すことができる。他の人の力を買うこともできる。他の人に命令し、さらには人生についての考え方や意味を刻み込むこともできる。それを力と金を崇拝するために教えることができる。権力と所有を自由に用いるために他者に法律を与えることもできる。

　この領域においても、女性は仕事の点で創造的ではない。伝統と教育は、女性の行く手を阻む。驚嘆して参加するか、失望して脇に立つ。権力に敬意を表するか、あるいは（大抵こちらなのだが）無能力であることに抵抗する。その際、個人の抵抗は、大抵誤った道に入るということが考慮されなければならない。

大抵の男性、女性は力と所有を同時に敬うことができる。言葉を失ってただ驚く人もあれば、希望に満ちてそれらを得ようと努力する人もある。女性はこの文化の理想に到達するには遠く離れている。

権力と所有の俗物は、今や個人的な優越性の追求を共にすることで、教養の俗物と結びついている。知識は（も）力である。人生が不確かであるということは、これまで一般的には、権力の追求以外によりよい解決を見出すことはできなかった。今や権力の追求が人生を確かなものにし、人類を発達させるために唯一の、そして最善の道であるかよく考えてみなければならない時である。

女性の生き方からも学ぶことができる。女性は今日まで教養の俗物である権力に参加してこなかったからである。しかしそれでも女性が〔男性と〕対等な準備をすれば俗物主義の権力に参加し成功を収めることができることを、男性も女性も容易に見ることができる。しかし筋肉の力の優越性についてのプラトン的な理想は、おそらく理解されることなく〔無意識に〕その意味を失ったに違いない。さもなければ、どうすれば女性世界の静的で公然とした反抗〔男性的抗議〕をその何千という多様性の中で人類全般の役立つ方へと向けることができるであろうか？

しかし結局のところ、われわれは皆パラサイトのように芸術家、天才、思想家、研究者、発見者の不滅の業績をいわば食べて生きているのである。彼〔女〕らは本来人類の指導者、世界史のエンジンであり、われわれは配分器である。これまでは力、所有、知識の自惚れが、男性と女性の間にある境界線だった。それゆえ、愛と結婚についての大騒ぎと多くの本があったのである。

しかし、われわれがそれによって生きる偉大な業績は、常に最高の価値として認められてきた。その勝利は大抵華麗な言葉で祝われることはなかったが、すべての人によって享受されている。この偉大な業績に十分女性も関与している。〔しかし〕権力、所有、知識の自惚れは、たしかに多くの人の妨げとなってきた。文化の全体の発展を通じて男性の声が響いている。そこでは女性は男性の代理者であり、それゆえ二番目の地位にある。このことは、女性の声を発達させるために、男性によって女性の声が見出されるまでは続くだろう。二つの文化のジャンルにおいて、即ち、演劇の技術と舞踏の技術においてそのことは起こっている。そこでは女性は女性としてふるまうことができるからである。その時、女性はすばらしい業績をなしとげることができる。

第八章　失敗のタイプ

タイプと個人

私はタイプ理論について十分注意して取り組むことにする。タイプに分けると、それを学ぶ人が、あたかもタイプは何かしっかり定まったもの、自立したものであり、大部分類似しているにすぎない構造以上のものが基礎にあるかのように容易に錯覚してしまうからである。犯罪者あるいは不安神経症、統合失調症という言葉を聞いた時に、既に個々のケースについて何かを理解したと信じたならば、個人を探求するという可能性が断たれるばかりか、治療者と患者の間に起こりうる誤解から解放されることはないだろう。おそらく私が精神生活に取り組むことから得た最も優れた洞察は、タイプ理論を利用する際の私の注意から由来している。しかし無論、タイプ理論を全く使わないわけにはいかない。例えば総合診断学のように、一般化することを可能にするからであるが、しかし特別の場合と治療に関しては、あまり語ることはできないのである。

失敗のどの場合も、症状、即ち、子ども時代から蓄えていた以上の共同体感覚を必要とする外生要因を前にして、特別の劣等感（これは見出されなければならないのだが）から優越コンプレックスへと発達した症状を扱わなければならないということを常に想起すれば最もうまくいく。

教育困難な子ども

「教育困難な子ども」から始めよう。子どもが共同作業への対等の参加者であることが、長い時間をかけて示されて初めて、このタイプについて語ることができる。そのような子どもは、共同体感覚を欠いている。もっとも普通の関係には十分な共同体感覚が、家や学校ではあまりに緊張する結果、もはや十分ではないことが明らかになることが稀ではない。

このようなケースはよくあり、その現象は広く知られている。このことからわれわれは個人心理学の探究の価値を認めることができる。そのことで、よりむずかしいケースに対しても準備できる。個人の試験は実験的なものであれ、筆相学（筆蹟による性格判断）的なものであれ、少しでも環境から切り離されれば、大きな誤りを引き起こすことになり、いかなる場合も決してこのように環境から切り離された人に特別の助言をしたり、あるいはそのような人を何らかの仕方で分類することは正当化されない。このような、また類似の事実において、個人心理学者は、正しく見ることができるためには、ありうる限りの社会的状況と悪い状態についての十分な知識を手に入れなければならないということは、明らかである。個人心理学者はさらにもっと先に進み、人類の幸福を目標とするという課題についての考え――人生の要求についての考えと世界観――を持つことを要求することができる。

私は教育困難な子どもの分類を提案した。この分類は、多くの観点で有益であることが実証されている。即ち、一方で、怠惰、無関心、従順だが依存的、おずおずした、不安で、嘘をつくような、またこれらに似たより「受動的」な子ども、他方、権力欲が強い、気が短い、興奮し、感情に傾く、邪魔をする、残忍、高慢で、逃げ出す、盗みを働く、すぐに性的に興奮するなどのような「積極的」な子どもである。

分類の際、細かいことにこだわってはいけない。むしろ個々のケースにおいて確実であるように努め、およその積極性の程度を確立するべきである。このことは、大人の失敗の場合に、子ども時代と大体似たような程度の失敗の活動性を予想し観察できるのでなおさら重要である。ここで、勇気と呼ばれている大体において正しい活動性の程度を、十分な共同体感覚を持っている子どもに見ることができるだろう。この活動性の程度を気性、動きの速さと遅さに探そうと努めるのであれば、この表現形式もライフスタイル全体の部分であり、それゆえ、治療がうまくいった時には変わるのがわかるということを忘れてはならない。神経症者の間には、かなりの比率で受動的な子ども時代の失敗を、犯罪者の間には、積極的な失敗を見出しても驚くにはあたらない。後になって不適応が現れたのに、教育が困難でなかったとしたら、観察に誤りがあった、と私は考えたい。無論、例外的に良好な外的関係が、厳格な試験をすればただちに現れるような子ども時代の失敗を覆い隠すことはある。われわれは、人生が行う試験をあらゆる実験よりも好む。この試験では人生との連関が無視されることはないからである。

医学心理学の領域に属する子ども時代の失敗は、虐待の事例は別として、活動性の程度は様々であるが、そのほとんどすべてが甘やかされた、依存的な子どもに見ることができる。おねしょ、摂食障害、夜驚症、息切れ、便秘、吃音などである。これらは、自立し、協力することに目覚めることへの抗議として現れ、他者に援助することを強要する。子どものマスターベーションが、見つかったにもかかわらず長く続くとすれば、この共同体感覚が欠如しているということの徴候である。症状だけを扱って、失敗を根絶しても決して十分ではない。確かな成功は、共同体感覚を高めることによってだけ期待されるのである。

神経症

より積極的な子どもの失敗と困難が、神経症に類似した傾向、即ち、「はい」の強調、それにもまして「でも」を強調していたら、はっきりと優越コンプレックスは強調されずに、神経症において人生の課題からの退却が現れる。常に人生の前線の後ろで金縛りにあって動けないことを観察できる。協力から遠く隔たっていたり、あるいは〔負担の〕軽減を求めたり、成功しなかった場合のいい逃れを探すのである。長く続く失望、新たに失望し失敗することを恐れることは、ショック症状を保持することに見られる。そして、この症状は、共同体の問題を解決することから離れていることを保障する。

強迫神経症にはしばしば起こることなのだが、患者が穏やかに呪いの言葉を語るところまでいくことがある。このようにして他者への不満をあらわにするのである。被害妄想においては、患者が人生に対して敵意を感じていることは、いっそうはっきりしたものになるが、人生の課題から距離を取っていることにはまだそのことは見られない。

思考、感情、判断、見方は常に後退の方向へと向かう。それゆえ、神経症は創造的な行為であって、決して幼児的な、あるいは先祖返りの形への後戻りではないということは、誰にもはっきりとわかるだろう。この創造的な行為は、ライフスタイルが創り出すのであり、自ら創り出した運動法則である。そのような行為は、常に何らかの形で優越性を目指し、多様な形でまたもやライフスタイルに一致し、患者が確信しコモンセンスが優勢になるまで治癒を妨害することを試みる。私が明らかにしたように、秘かな優越性の目標が、半ば悲しみに満ちた、半ば慰みに満ちた眼差しの中に隠されていることは稀ではない。患者は、気分の高揚が些細なことによって、大抵は他者の罪によって無効にされていなかったら、すべて成し遂げただろうというわけである。

いくらか経験を積めば、強い劣等感、個人的な優越性の追求、共同体感覚の欠如を失敗に先立つ前史にいつも見つけることができる。

自殺

人生の課題からの後退は自殺において完全になる。自殺の精神的構造には活動性はあるが、勇気は決してない。自殺は、有用な協力に対する積極的な抗議にすぎない。自殺者に加えられる打撃は、他者にとっても無傷ではない。前に向かって努力する共同体は、自殺によって常に傷つけられたと感じるだろう。わずかな共同体感覚を終わらせることになる外生要因を、われわれは交友、仕事、愛という三つの人生の大きな課題と名づけた。

認められないことが、あらゆる場合において、自殺や死の欲求を引き起こす。これらは三つの人生の課題のうちの一つで体験された、あるいは恐れられた失敗であり、時にはうつメランコリーが先行することがある。私が一九一二年に後者の精神病に関する研究を終え、自殺や自殺の脅しのような、どの真性のメランコリーも、共同体感覚がわずかしかない場合、他者への敵対的な攻撃になることを確かめることができた時に、個人心理学の貢献は、この精神病についての理解を容易なものにした。この精神病は、残念ながら自殺に発展することがあるが、共同体に有用な協力を絶望的な行為に代えることから起こる。財産や仕事を失うこと、愛において絶望すること、あらゆる種類の退却は、それに応じた運動法則にしたがって、当該の人が関係者やあるいは他の人を犠牲にすることをも恐れないような仕方で、絶望的な行為を引き起こしうるのである。

心理学の繊細な聞き手であれば、ここで問題になっている人は、あまりに期待するので、他の人よりも人生に容易に失望する人であることに必ず気づくだろう。このような人は、子どもっぽいライフスタイルに従って、子ども時代にはショックを受けやすかったこと、その際、他の人を罰するためであるかのように不機嫌な気分を長く続けたこと、あるいは自分を傷つける傾向があったことが当然予想される。

最近の研究が確認したように、標準よりもはるかに大きなショックは、身体的な変化をも引き起こす。おそらく植物性神経系あるいは内分泌系の影響によるのであろう。詳しく調べれば、私のケースで大抵そうであるように、器官劣等性とさらに子ども時代の甘やかしの育児は、子どもをこのような種類のライフスタイルへと導き、共同体感覚が十分発達することを制限したことが証明されるだろう。彼〔女〕らには公然とした、あるいは隠された怒りを爆発させ、環境全体で大きなものであれ小さなものであれ課題を解決しようとする際、体面に固執する傾向がしばしば見られる。

家族の末っ子で母親に並外れて甘やかされた十七歳の少年が、母親が旅に出かけなければならなかった時、姉に世話されることになった。ある夜、姉が彼を家に一人で残し、学校では一見克服できない困難と闘わなければならなかった時、自殺を図った。彼は次のような遺書を残した。「僕がしたことを母に知らせてください。母は今……にいます。母が帰ってきたら、僕は人生はもはや喜びを見出さなかった、そして母に僕の墓に毎日花をそなえてほしいといってください」

不治の病にかかった年老いた女性は、隣人がラジオから離れようとしなかったので自殺した。

金持ちの男性の運転手は、その主人が死んだ時、自分に約束の相続分を受け取ることになっていなかったことを知って、妻と娘を殺して自殺した。

子どもの時も、後には夫にも常に甘やかされた五十六歳の女性は、社会においても目立った役割を果たしていたが、夫が死んだ時に非常に苦しんだ。子どもたちは結婚しており、母親のために全面的に献身する気にはならなかった。そうこうするうちに事故で大腿骨を折った。治ってからも社会からは距離を取った。どういうわけか世界旅行をすれば、家では得られなくて残念に思っていた友好的な刺激を見出せる、と思いついたのである。一緒に旅行してくれる二人の友人が見つかった。友人たちは彼女がヨーロッパの大都市でなかなか動こうとはしないので、いつも一人で放っておいた。彼女はひどく不機嫌になり、この気分が高じてうつ病になった。そこで子どもたちの一人を呼び寄せた。しかし子どもの代わりに家政婦がやってきて、彼女を家へ連れて行った。

私は三年後、症状の改善が見られないこの女性を診た。主訴は自分が病気の時どれほど子どもたちが苦しんだかに違いないというものだった。子どもたちは交代に母親を訪ねた。しかし母親の病気が長引くと、あまり大きな関心を示さなくなった。患者はいつも自殺する、といい、子どもたちが大いに心配してくれることについて話すのを止めなかった。この女性は、病気になる前よりも注目されたのであり、子どもたちが心配することに感謝することは、本当の気持ちとは、とりわけ彼女が甘やかされた女性として期待していた献身とは反対であることも容易に見て取ることができた。彼女の立場に身を置けば、この病気になることで得られた自分への注目をあきらめることが、いかにつらいことであったか理解できる。

犯罪傾向

他者は自分の所有物であるかのような考えにとりつかれ、この考えを他者の財産、労働、健康、命を脅かすことで表現する子どもは、自分自身ではなく他者に向けられた別の種類の活動性を早い時期に獲得する。その際このようなことをどこまで実行に移すかは、またもや共同体感覚の程度による。そして個々のケースでは、この点を繰り返し考慮しなければならない。この思考、感情、気分、性格、行動によって表現されるが、よく理解される言葉では明らかにされない人生の意味についての考えが、共同体の中で生きることを要求する実際の人生を、彼〔女〕らにとって困難なものにすることは、理解できる。ただちに満足することを常に要求する人は、このように期待することを正当であると感じているので、人生に敵意を感じることを止めることはない。その上、この気分は権利を奪われているという感覚と緊密に結びついている。そのため、妬み、嫉妬、貪欲、選ばれた犠牲者を征服しようと努力することが、強く長く続くことになる。共同体感覚を欠いていることから、有用な発達を追求することには遅れをとっており、強い期待は夢中になって優越性を求めるので満たされることがない。そのため感情が高まって、しばしば他者への攻撃を引き起こすことになる。

劣等コンプレックスは、失敗が対人関係で、即ち、学校、社会、愛において感じられるようになると、ただちに慢性的なものになる。犯罪行為に行き着く人の大半は、未熟練の労働者であり、既に学校において失敗している。引き渡された犯罪者の大多数は、性病にかかっている。性病は、人生の課題が十分解決されていないことの徴候である。彼〔女〕らは自分に似た者の中に仲間を求め、そうすることで彼〔女〕の友情には限界があることを証明している。犯罪者の優越性コンプレックスは、彼〔女〕らの犠牲者よりも自分が優れているということ、うまく犯罪をやりとげることで、法律とそれを運用する組織に指を鳴らせると確信することから発するのである。

実際のところ、発見されなかった多くの犯罪を別にしても、立証できる以上の多くの悪事を持たないような犯罪者は一人もいない。犯罪者はうまくやりさえすれば見つからないという幻想を抱いて事に向かう。犯行を認めさせられると、捕まったのはちょっとしたことを怠ったので見つかったからだ、と確信する。

犯罪傾向を子ども時代の生活に遡ってたどると、子ども時代の敵意をはらんだ性格特性を伴った悪用された活動性と共同体感覚の欠如と並んで、器官劣等性、甘やかし、無視が犯罪的なライフスタイルの発達の誘因になっているのを見ることができる。おそらく甘やかしが最もよくある誘因である。ライフスタイルの改善の可能性は決して排除できないので、個々のケースのいずれについても、共同体感覚の程度を調べ、外生要因の困難さを考慮に入れることも必要である。甘やかされた子どもほど、誘惑の危険に容易に屈する子どもはいない。ほしいものはすべて手に入れる訓練を受け、そのことに慣れているからである。誘惑の大きさが正確に理解されなければならない。犯罪傾向が染みついている人にとっては、活動性を意のままに使うので、いっそう危険な結果をもたらすからである。

犯罪の場合も、個人を社会的な状況との関連の中で理解しなければならないことは明らかである。多くの場合、現にある共同体感覚は、あまりに大きな要求がされるのでなければ、人を犯罪から遠ざけておくのに十分である。このことは、なぜ状況が悪い時には犯罪の数がかなり多くなるかということも説明する。〔しかし〕この〔悪い〕状況〔自体〕が犯罪の原因ではないことは、アメリカにおいては好況の際にも〔不況の際と〕同様に犯罪の数が増したことからわかる。好況時には安直で速やかに富を得ることができるという誘惑が多かったのである。犯罪傾向の原因を調べると、子ども時代の悪い環境にぶつかり、大都市のある区域で犯罪が膨れ上がるのを見る。しかし、このことで犯罪の原因を見出したというような結論を得たと思ってはならない。この制約のもとでは、共同体感覚の良好な発達は、容易には期待できないということは、明らかである。また子どもが早い時期にいわば人生に抗議して欠如と不足の中で育ったとしたら、そして日常的に他の人のよりよい人生を間近に見て、その際、共同体感覚を発達させるように促されることが全くなければ、そのような子どもの後の人生への準備がいかに不十分なものであるかも忘れてはならない。

このことには移民者における犯罪の実態についてのヤング博士の研究が、非常に優れた教えられるところが多い例をあげている。隔離され貧しく生きた第一世代には犯罪者はいなかった。第二世代では子どもたちは公立の学校に通うがなお移民の伝統と、経験、貧しさの中で育てられ、既に犯罪者の数はかなり増すことが示される。第三世代では犯罪者の数は驚くほど増した。

「生まれつきの犯罪者」も時代遅れのカテゴリーである。このような誤った考えや、犯罪者が罪を犯すのは罪悪感からであるという考えは、子ども時代の強い劣等感、優越コンプレックスの形成、十分発達しなかった共同体感覚に注意を向けたわれわれの調査結果を考慮しない人だけが持つのである。

犯罪者には器官劣等性の徴候が多く見られる。そして有罪判決を受けたショックの結果、強い物質代謝の変化が見られる。おそらくこれは均衡状態に到達するのが困難である組織の徴候を示している。甘やかされたか、あるいは甘やかされることに憧れる人は多い。このような人の間に、かつて無視された子どもも見ることができる。ただ決まり文句や偏狭な公式で調べられるのでなければ、この事実を納得できるだろう。器官劣等性の事実は、しばしば犯罪者が醜いということに明らかに示される。他方、甘やかされたのではないかという疑いは、犯罪者の中に容姿がよい人が多いことから常に裏付づけることができる。

Nはこのような容姿のよい少年だった。六ヶ月拘留された後、保護観察期間付きで釈放された。上司の金庫からかなりの額の金を盗んだのである。この上、罪を犯せば三年間拘留される危険があるにもかかわらず、釈放後間もなく再び少額の金を盗んだ。

事が公になる前に私のところに送られてきた。彼は非常に立派な家庭の第一子で、母親の甘やかされたお気に入りだった。極度に野心があり、いたるところで仕切ろうとした。友人は社会的に同等以下の者の中に求め、そうすることで劣等感があることを示した。最も古い早期回想において、彼は常に〔与えるのでなく〕受け取る人だった。

盗みを働いた彼の職場には、まわりに裕福な人がいたが、父親が職を失い、以前のようには家族の世話ができなくなった時でもあった。

飛ぶ夢と自分が英雄であるという夢の状況は、彼が野心をもって努力していることの徴候であり、同時に確実に成功することがあらかじめ定められていると感じていたことを示している。

魔が差してなされた盗みは、父親よりも優れていることを示せると考えてのことだった。二回目の、小さな盗みは、保護観察期間と今や彼が占めていた従属的な立場に抗議してなされた。刑務所にいた時には、一度、お気に入りの料理が持ってこられたという夢を見た。しかし夢の中でこんなことは刑務所の中では不可能であることに思い至った。この夢では、激しい欲望の他に、判決に対する抗議も容易に認めることができるだろう。

嗜癖

嗜癖においては通常、活動性はあまり見られない。環境、誘惑、病気の時や医療の仕事に就いている時にモルヒネやコカインのような毒物を知ることは、〔薬物中毒になる〕機会だが、影響を及ぼすのは、患者が解決できないように見える問題の前に立っている状況にある時だけである。自殺の場合と同様、患者の世話をする人への隠された攻撃がないことはめったにない。完全な禁酒は、アルコール嗜好がないので、本質的により容易だが、アルコール依存症においては、私が示したように、特別の嗜好要素がしばしば重要な役割を演じる。嗜癖の始まりは、発達した優越性コンプレックスでないにしても、しばしば強い劣等感を示している。この嗜癖は、前から既にかなりはっきりとしていて、おずおずしていること、一人でいること、過敏、焦燥、怒りっぽいこと、また不安、うつ、性的機能不全のような神経症状、さらに自慢僻、悪意のある批判的傾向、権力欲のような優越コンプレックスにはっきりと現れる。過剰な喫煙、強いブラックコーヒー嗜癖は、しばしば勇気を失い決断できないという心の状態を表している。トリックを使ったかのように、のしかかる劣等感が一時的に脇に置かれたり、さらには例えば犯罪行為の場合のように、強い活動性へと変えられることすらある。嗜癖のあらゆるケースにおいては、交友の関係、仕事、愛のいずれであれ、そこでのあらゆる失敗は、征服できない悪徳に帰せられる。直接の毒の効果も、この病気にかかった人には、しばしば〔人生の重荷からの〕軽減の感覚を与えるのである。

二十四歳の男性。彼は姉が生まれた八年後に生まれ、良好な環境で並外れて甘やかされわがままに育った。彼は人形の扮装をさせられて、母親と姉に抱かれたことを思い出した。四歳の時、二日間、祖母の厳格なしつけを受けることになった。彼は祖母に初めてだめといわれ、荷物をまとめて家に帰りたいと思った。父親は酒を飲み、母親はそのことで大いに騒ぎ立てた。学校では両親の影響はあまりに彼の有利になるように影響を及ぼした。

次第に母親の甘やかしが弱くなると、四歳の時にしたのと同じように、両親の家からも出ていった。

しばしば甘やかされた子どもがそうであるように、見知らぬ人の間ではうまくやっていけず、社会的な集まりでは、仕事生活でも女性に対する時でも常に不安な気分に陥り、興奮した。彼に酒を教えた何人かの人とは理解し合えた。

　母親がそのことを知り、とりわけ酩酊状態で警察ともめたことを聞いた時には、彼のところへ行き、心を打つ言葉で飲酒を止めるよう懇願した。結果はなおも飲酒に気晴らしを求め、そのことで以前と変わることなく母親を心配させ、母親は彼を以前にもまして甘やかした。

　二十四歳の学生が絶え間ない頭痛を訴えた。学生時代から重い広場恐怖症の神経的症状を示していた。ギムナジウム卒業試験を家で受けることが許された。その後はかなり改善した。大学課程の一年目に少女と恋をして、結婚したが、結婚後間もなく頭痛が始まった。このきわめて野心のある、信じがたいほど甘やかされた男性においては、妻に長らく満足できなかったことと嫉妬心が頭痛の原因であると見られる。このことは、自分でははっきりと理解していなかったが、おそらく彼の態度から、また彼の夢からも明らかである。そこである時は、彼は彼女が狩りに行くかのような服を着ている夢を見た。

　彼は子どもの時、くる病にかかった。彼はいつも他の人に自分のことだけに関わらせていたので、乳母が彼から離れて休みを取りたいと思った時、まだ四歳だったが、仰向けになり、肥満していたのでこの体位から一人では起き上がることができなかったことを思い出した。第二子だった彼はいつも兄とぶつかり、いつも一番になりたい、と思った。

　良好な状況が彼に後に高い地位を得ることを助け、知的にはその地位に適していたが、精神的には成長しなかった。彼の地位では避けることができないもめごとが起こると、モルヒネを飲んだ。彼は何度も離脱したが、繰り返し犠牲になった。またもや根拠のない嫉妬が、彼にとって困難な状況として起こった。立場が確実でなくなると、自殺を図った。

第九章　甘やかされた人の非現実的な世界

子ども時代に始まる

甘やかされた人は評判が悪い。よかったことは一度もない。親は甘やかしのことで責められたくはない。甘やかされた人もそのように見られることを拒む。甘やかしということで何を意味するか、繰り返し疑問が起こる。しかし誰もが直観によってのように、甘やかしを正しい発達にとっての負担と妨げである、と感じている。それにもかかわらず、誰もが甘やかしの対象となることは好む。そのことを好む人はかなり多い。多くの母親は甘やかす以外に何もできない。

幸い多くの子どもたちは甘やかされることに強く抵抗するので、損害は思いのほかに大きくはない。この問題は心理学の公式だけでは解くことができない難問である。われわれは心理学の公式を、個人の基礎を発見するために、あるいは、態度決定や性格を説明するために、盲目的に見出すための厳格な可能性として用いることはできない。むしろどの方向にも無数の変種とニュアンスがあることを予想しなければならない。そしてわれわれが発見したと信じたことを、常に平行して進行する事実と比較して確かめなければならない。なぜなら子どもは、甘やかしに抵抗する時、通常その抵抗において行き過ぎ、その抵抗を、外からの友好的な援助にしか期待できないような状況にも移すからである。

甘やかしが、後の人生で確立され、このようなケースで非常にしばしばあるように、自由意志が抑えつけることがなければ、甘やかしはおそらくは甘やかされた人にも時にはうんざりしたものになりうるが、そのような人の子ども時代に獲得されたライフスタイルは、そのことによってもはや変わることはないのである。

個人心理学は、人間を理解するには、人生の課題を解決するために人が行う運動を調べる以外に方法はない、と主張している。その際、どのように、そして、なぜそのようにするかを注意深く観察しなければならない。人は人生を始めるにあたって、必ず他の誰とも異なった人間としての可能性、発達の可能性を持っているが、この違いは行動からしか知ることはできない。われわれが人生の最初に見ることができるものは、既に誕生の最初の日から外的な状況の影響を強く受けている。子どもは遺伝と環境の両方の影響を受け、それらを発達の道を見出すために使うのである。しかし方向と目標がなければ道のことも運動も考えることはできず、ある道を選んで進んで行くこともできない。人間の魂の目標は、克服、完成、安全、優越性である。

子どもは自分自身の身体と環境から受けた影響を使用する際、多かれ少なかれ、自分自身の創造力と問題解決能力に依存している。子どもの人生の意味づけ——これが子どもの人生への態度の基礎であるが、言葉にもされないし、思想としても表現されることもない——は、子ども自身の作品である。子どもはこうして運動の法則を獲得し、これがいくらかの訓練を受けた後、子どもがライフスタイルを得ることの助けとなる。われわれはこのライフスタイルにしたがって生涯にわたって考え、感じ、行動するのである。甘やかされた子どものライフスタイルは、ほとんどいつも外からの援助を確信している状況において発達する。このようなライフスタイルは、子どもが様々な状況において、家庭の外の世界で無私の援助を受けずに何かを行わなければならない時には試練に耐えることは全くできないように見える。

今や、人生においてはどんな態度が正しいのか、人生の課題にどんな解決が期待されなければならないかという問いが生じる。個人心理学は、このような問いの解決に可能な限り貢献する。誰も絶対的な真理に恵まれているわけではない。一般的には正しいと認められなければならないであろう具体的な解決も、少なくとも二つの観点において確かなものでなければならない。まず、思考、感情、行為は、永遠の相の下にある時にだけ、正しいと特徴づけることができる。さらに、そこに共同体の幸福が異論を挟む余地なく含まれなければならない。このことは、新たに生じる問題だけでなく、伝統にも妥当する。そして人生の重要な問題だけではなく、些細な問題にも妥当する。誰もが解決しなければならず、各自のやり方で解決しなければならない人生の三つの大きな課題である、交友、仕事、愛の課題は、共同体への努力が自分自身の中で生きたものになった人によってのみほぼ正しく解決される。新しく生じる問題においては、不確かさ、疑いが生じるのは当然である。しかし共同体への意志だけが大きな失敗を防ぐことができるのである。

どのケースも独自である

このような研究をしてタイプにぶつかる時には、個々のケースの一回性を見つけるという義務を免れることはない。このことは、家庭、学校、社会にとって累積する負荷である甘やかされた子どもにも妥当する。われわれは教育困難な子ども、神経症や精神病者、自殺者、犯罪者、嗜癖者などを問題にする時に個々のケースを見つけなければならない。このような人は皆、共同体感覚を欠いているのであり、このことはほとんどいつも子ども時代の甘やかしや、甘やかされることと〔負担からの〕軽減を極端に願うことに帰することができる。

　人間の活動的な行動は、人生の課題を前にしてなされた動きを正しく理解した時にだけわかる。行動しないときも同じである。所有の心理学がしているように、何か問題のある症状を不確かな遺伝の暗い領域や、一般には不適切であると見なされている環境の影響に帰そうとしても、子どもは遺伝と環境の影響を自由意志で受け入れ、消化し、それに応答しているが、個々のケースについては重要なことを知ることはできない。個人心理学は使用の心理学であり、これらの影響のすべてを創造的に身につけ、利用することを強調する。人生の様々な問題を変えることのできないものと見なし、それぞれのケースの一回性を認めない人は、容易に衝動や本能のような起動因を悪魔のように運命を左右するものと信じるようになる。〔また〕どの世代にも決して以前は存在していなかった問題が生じることを認めない人は、遺伝された無意識の働きを考えることになる。個人心理学は非常に正確に、人間の精神は問題を解決する時に、その考えが正しかろうがそうでなかろうが、技巧を凝らして探求することを知っているので、そのような考えを受け入れることはない。問題を個人的に解決する時に制約となるのは、ライフスタイルから発する個人の活動である。人間の言葉の貧しさを知る時、タイプ論の価値はその多くが失われる。われわれが「愛」と呼ぶ関係は、どれほど多様なものであることか。物思いに耽っている二人が、同じであるということがあろうか？　二人の同じ双子（ついでながら、双子は非常にしばしば同じでありたいと願い、そう努力するものである）の人生が、時が巡っても同じように過ぎるというようなことは考えられるだろうか？　蓋然性と同様、タイプは利用できる。それどころか利用しなければならない。〔しかし〕似たものの場合でさえ、他ならぬこの人は違うということを忘れてはならない。どんなふうになるのだろうと予想する時、一回性を見つけることを希望できる観点を照らし出すために、蓋然性を利用できる。しかし矛盾が起これば、すぐにこの助けを放棄しなければならない。

子ども時代の関係とライフスタイル

共同体感覚の根を探す際に、それが発達するという可能性を前提にすれば、われわれはただちに最初の、最も重要な導き手である母親に出会うことになる。自然が母親にそのように定めたのである。母親の子どもとの関係は、緊密な協力（人生と仕事の共同体）の一つである。この関係においては双方が得るのであって、多くの人が信じているように、母親が子どもによって一方的にサディスティックに搾取されるのではない。父親、他のきょうだい、親戚、隣人は、子どもに対等の協力者として、敵ではなく仲間になるように指導することで、この協力の仕事をさらに進めなければならない。子どもは、他者は信頼でき協力する人であるという印象を獲得すればするほど、共生と自立した協力に適したものになる。そして自分が所有しているものをすべて、協力のために役立てるだろう。

これに対して、母親があまりに度を越して子どもを甘やかして、態度、思考、行為、さらには言葉において協力することを子どもにとって余分なものにすれば、子どもはすぐにパラサイトになり、あらゆることを他の人から期待するようになる。常に注目の中心に立ちたいとせがみ、他のすべての人を自分に仕えさせようと努めるだろう。自己中心的な傾向を示し、他者を抑圧し、常に他者に甘やかされ、与えることではなく取ることを自分の権利と見なすだろう。このような訓練を一、二年も続ければ、共同体感覚と協力する傾向の発達を終わらせるのに十分である。

このような子どもたちは、ある時は他者に依存し、ある時は他者を抑圧したいと願うが、共同体感覚と協力を要求する世界からの克服できない反対にすぐにぶつかることになる。甘やかされた子どもたちは幻想を奪われると、他者を責め、常に、人生において敵対的な原則だけを見出す。彼〔女〕らの問いは悲観的なものである。「人生は何か意味を持っているのだろうか？」「なぜ私は隣人を愛さなければならないのか？」と彼〔女〕らはたずねる。たとえ積極的な共同体理念の合法的要求にしたがうとしても、拒絶されたり、罰せられることを恐れるからにすぎない。交友、仕事、愛の課題に直面した時、共同体感覚の道を見出すことができず、ショックを受け、身体と心にその影響を感じる。そして敗北したと意識する前か後に退却する。しかし、いつも悪いことが起こったという意味の、なじみの子どもじみた態度に固執する。

甘やかされた人の特徴

性格特性はいずれも生まれつきのものではないばかりか、まず第一に完全にライフスタイルに適合した関係を表現していることも今や理解できる。それらは子どもの創造的な作用の副産物なのである。甘やかされた子どもは、自己愛へと誤って導かれ、利己的で嫉妬深く、程度は様々であるが、妬ましい性格を強く発達させる。そして敵国の中に住んでいるかのように生き、過敏、焦燥、忍耐心の欠如、突然の感情爆発傾向、貪欲な本性を示すだろう。退却の傾向、過度の注意は、その際、普通に見られる現象である。

比喩的にいえば、甘やかされた人の歩き方は、良好な状況においては、容易には見抜くことができないことがある。良好ではない状況であれば、見抜くことはずっと容易であり、共同体感覚の内実が試される。このような状況では、甘やかされた人は、ためらいの態度を取るか、問題に対して大きな距離を取って立ち止まる。そして、そのように距離を取る時に見かけの原因をあげるが、それはここでは彼〔女〕らがあげる口実は、賢者がするような注意が問題になっているのではないことを示している。彼〔女〕らはしばしば有利な結果を出すところまで到達することなく、友人、愛のパートナー、仲間、仕事を変える。このような人は時には、何かの課題を始める時に、非常にせかせかと突進するので、専門家はただちにそこには自己信頼がわずかしかないこと、いかに速やかに熱意が止むことになるかということに思い至る。甘やかされた人の中には、すべての課題を回避するために、引きこもることを最も好む変わり者になる人もある。あるいは課題を部分的にだけ解決し、そうすることで行動範囲を劣等コンプレックスに対応するように強く制限する。一定の活動性を意のままにすることができるとしても、これを「勇気」とは呼べないので、何らかの仕方で抑圧的な状況においては、社会的に有用でない、たしかに有害な領域へと逸れて、容易に犯罪者、自殺者、中毒者、倒錯者になる。

　非常に甘やかされた人の人生に共感すること、即ち、それを理解することは、誰にとっても容易ではない。優れた役者のようにこの役割を所有し、すべての生活領域でいかに注目の中心に立っているか、他者を抑圧し、決して協力者にはならず、どんなものであれすべてを〔他者から〕期待するが、〔自分からは〕何も与えないようなどんな状況をも探し求めることを理解しなければならない。そうすれば、このような人が、いかに他者の協力――友情、労働、愛を自分のために搾取しようとしているか、いかに自分の幸福、自分の課題から逃れることにしか興味がないか、他者を犠牲にして自分の課題を軽減しようとしているかがわかるに違いない。

　精神的に健康な子どもは、勇気と、普遍的に妥当する理性、積極的な適応能力を発達させる。〔しかし〕

甘やかされた子どもは、これらを何一つ持たないか、わずかしか持っておらず、それに代わって臆病とごまかしを持っている。さらに彼〔女〕らが歩む道は非常に狭い。そのためいつも同じ失敗をするように見える。専制君主のような子どもはいつもそのように見える。すりはその仕事から離れることはない。不安神経症者は人生の課題のすべてを不安で答える。中毒者は毒にしがみつき、性倒錯者は倒錯から外れようとはしない。他の活動を排除すること、人生が展開する狭い道で人生に臆病な姿勢を取ること、自信の欠如、劣等コンプレックス、ひきこもり傾向がまたもやはっきりと見られる。

　甘やかされた人の夢見る世界、視点、人生についての考えと理解は、現実の世界とは驚くほど異なったものである。彼〔女〕らの人類の進化への適応は多かれ少なかれ圧殺される。そのため彼〔女〕らは止むことなく人生と闘うことになる。この闘いにおいては、他者を有害な結果に巻き込むことになる。子ども時代であればこのような人を過活動な子どもと受動的な子どもに見ることができる。後には、犯罪者、自殺者、神経症者、アルコール依存者、薬物中毒者に見ることになるが、このような人は、常に互いに違っている。〔しかし〕彼〔女〕らは大抵満足することなく、憔悴するほどに他者の成功を妬むが、自分では事に踏み切るということはしない。いつも失敗を恐れること、価値がないことがあらわになることが、彼〔女〕らを縛りつけるのである。大抵、人生の課題を前にして退却するのが見られるが、そのことのいい逃れに窮することは決してない。

　彼〔女〕らの多くが人生において成功を収めることも見逃してはならない。そのような人は失敗から学び克服したのである。

　このような人の治療と変化は、精神を発達させる途上でライフスタイルを構築することに失敗したことを確信するようになることによってのみ達成できる。予防の方が〔治療よりも〕重要である。家族、とりわけ母親は、子どもへの愛が甘やかしにまでなってはいけないということを理解しなければならない。この失敗を知り、矯正することを学んだ〔個人心理学の〕教師陣から多くのことを学ぶだろう。その時、子どもを甘やかすこととそれに伴う結果よりも大きな悪はないということが、今まで思われているよりも明らかになるだろう。

第十章　一体神経症とは何か

定義の問題

長年この問題に関わってきた人は、一体神経症とは何なのかという問いに対してはっきりとした明らかな答えを与えることができないということを理解するだろう。この問いの解答を得るために文献を渉猟してみても、定義が非常に混乱しているのを見出すだけで、おそらく統一した見解に到達することはないだろう。

問いに不明瞭なところがある時はいつもそうであるように、多くの説明とそれにまつわる多くの闘争があるものである。われわれの場合も同じである。次のような定義がある。いらだちやすさ、刺激に弱いこと、内分泌腺の病気、歯と鼻の感染の結果、性病、神経系の弱さ、またホルモンと尿酸の体質、誕生の際のトラウマ、さらに外界、宗教、倫理との葛藤、悪しき無意識と妥協する傾向のある意識との間の葛藤、性的、サディスティックで犯罪的な欲動の抑圧、大都市の騒音と危険、甘いあるいは厳格な教育、家庭教育全般、一定の条件反射の結果などである。

これらの見解の多くは適切なものであり、神経症についての多かれ少なかれ重要な部分現象の説明としては引き合いに出すことはできる。〔しかし〕それらの大部分は神経症にかかっているのではない人にもしばしば見ることができるのである。一体神経症とは何かという問いを解明する道を示しているのは、それらのうちわずかなものだけである。

この病気が頻繁に起こること、それが社会にことのほか悪しき影響を与えること、神経症者で治療を受けている人はわずかしかいないこと、しかしこの病気を途方もない苦しみとして生涯にわたって抱え続けるという事実、さらにこの問いが非専門家に大きな関心をかきたてることは、冷静で、科学的な解明をすることを正当化する。この病気を理解し治療するためには、どれほど医学的な知識が必要かもわかるだろう。

また神経症の予防は可能であり必要だが、根底にある損害について明らかな知識がある時にだけ予防することを期待できるという観点にも、注意を払われなければならない。神経症の予防措置やちょっとした始まりを理解するためには、医学的な知識が必要である。しかし家庭、学校の教師、教育者らの援助を欠くことはできない。神経症の性質と発生についての知識が普及しなければならないのはこのためである。

以前から存在する恣意的な定義、例えば、神経症とは意識と無意識の葛藤であるというような定義は、無条件に斥けなければならない。それについては語るべきことはほとんどない。なぜなら、このような見解を支持する研究者は、結局、葛藤なしには何も生じないと理解したにちがいないからであり、そのためこの見解は神経症の本質を照らし出すようなことは語れないからである。誰かが、高慢な科学的見解から、誤って器質的な変化として化学的なものを見つけ出そうとする時も同じである。このことでは少しでも貢献することは困難であろう。化学的な変化については何一つはっきりしたことをいうことはできないからである。他の知られている定義も新しいことは何も語らない。神経症ということで理解されているのは、いらいらしやすいこと、疑い、恐れなどである。要は、否定的な性格特性によって、人生の中には適合せず、感情を伴っていると見える性格特性によって特徴づけられる何らかの現象のことである。どの研究者も、神経質は感情が高ぶることと連関しているということを認めている。私が何年も前に神経質的性格ということで何を意味しているか叙述し始めた時、神経質な人の過敏さを明るみに出した。この性格特性は、おそらく神経質な人であれば、誰にでも見出される。もっとも、多くの例外的なケースでは、この傾向は隠されているので、あまり簡単には見出されない。仔細に見れば、このような人でも神経が過敏であることがわかるだろう。

神経症と劣等感

さらに研究することで、個人心理学は、過敏さがどこから由来するかを示した。この貧しい地球の上でくつろぐ人は、人生の快適なことだけではなく、不快なことも自分に属していることを確信し、何か貢献する覚悟をし、過敏さを示すことはない。過敏さは劣等感の表現である。そこで、神経症の他の性格特性についても明らかになる。例えば、自信があり、人生の課題と対決するまでになった人は、焦燥したりしないのである。

この過敏と焦燥という二つの性格特性のことを念頭に置けば、高ぶった感情の中で生きる人がいることが理解できるだろう。この不確かな感情が、平静な状態、確実さを強く求めることも考えれば、なぜ神経症者が優越性と完全の追求において興奮するかが、またこの優れていることを目指す傾向は、自分のことにだけ関わる野心として求められることが理解できる。このことは苦境にある人の場合に理解できる。この優越性の追求は時には例えば貪欲、欲望、嫉妬、妬みの形を取ることもある。これらは一般には認められていない。ここでは単刀直入に問題を解決できるとは思わないので、力で困難をしのごうとする人のことが問題になっているのである。さらに、強い劣等感は勇気が十分発達していないことと密接な関係にある。その代わりに、人生の課題を回避し人生を楽なものにし他者に責任を被せるという欺瞞的な試みが多く見られる。これは他者への関心が欠けていることに関連がある。

　われわれはこれらの態度を多かれ少なかれ示す多くの人を批判したり非難するつもりは全くない。最悪の誤りでさえ責任を意識してなされたわけではなく、問題の人は人生に対する誤った態度決定の犠牲になったということを知っているからである。このような人は、一つの目標を持っているが、それを追い求めるうちに理性と矛盾することになってしまったのである。神経症の本質、成立、構造についてはまだ何も語られてはいなかった。〔しかし〕われわれは一歩前進し、神経症者の勇気が十分でないこと、人生の課題に直面した時にためらいの態度を取ることを考慮に入れて、人生の課題を前にした時の十分でない人生過程の結果を確かめることができた。活動性に対して十分な能力を持っていないことを子ども時代に遡ってたどることができることは確かである。われわれ個人心理学者はそのことに驚かない。ライフスタイルは人生の最初の数年に発達し、変えることはできないが、変えることができるとすれば問題の人が成長する中で誤りを理解し、人類全体の幸福を目的として再び他者と関わるようになる時だからである。

　子どもが悪い意味で高い活動性を獲得すれば、後に失敗する時、神経症にはならず、他の形の失敗者——犯罪者、自殺者、大酒飲みになる。最悪の種類の教育困難な子どもになることもありうるが、決して神経症者の特性を示すことはない。

　今やわれわれは問題の解決に近づいた。このような人の行動範囲はあまり広がらない、と断言できる。神経症者の行動範囲はより正常な人と比べると狭い。

〔神経症以外では〕活動性が大きくなるのは何によるのか、と問うことは重要である。失敗した教育において、子どもの行動範囲を最少まで狭める手段があることをわれわれが理解した時、子どもの行動範囲を広げたり抑えることが可能であると証明できるならば、われわれは遺伝の問題には関心がなく、見るものは子どもの創造的な能力が創り出したものであるということも理解できる。身体の状態と外界の影響は、子どもが個性を構築するために用いる構成要素である。

神経症の症状の説明

われわれが神経症の症状において注目すべきことは、ある器官の身体的な障害、精神的な障害——不安の兆候、強迫思考、うつの兆候(これらは特別の意味を持っているように思われる)、神経的な頭痛、赤面強迫、洗浄強迫、またこれらに似た精神的な表現形式として分類することができる症状が、すべて慢性的であるということである。それらは長い時間持続する。そしてもしもあいまいな空想的な領域に入ることなく、意味もなく発達したのではないと見なして連関を求めれば、直面する課題は子どもにとってはあまりにむずかしかったこと、しかしそれは慢性的に存在することがわかるだろう。このようにして神経的症状が持続する性格のものであることが確かなものになり、説明される。これらの症状は、一定の課題を前にして突発する。

われわれは問題の解決の困難がどこにあるかを見つけるために、包括的な解釈をしてきた。そして個人心理学は、人間は常に問題に直面しており、その解決は対人関係における準備が必要であることを確認することで、全領域に絶え間なく照明を当てた。子どもたちはこの準備を早い時期にしなければならない。〔社会的準備を〕増すことは、このことを理解することによってのみ可能だからである。このような問題が実際のところショックを引き起こすことを明らかにしようとすれば、ショックの効果について語ることもできる。ショックには様々な種類のものがありうる。ある時はそれは交友の問題である。友情における失望である。このようなことを経験しなかった者がいるだろうか。ショックを受けなかった者がいるだろうか。〔しかし〕ショック〔自体〕は、まだ神経症の兆候ではない。それが長く続き、慢性的な状態になった時、神経症の兆候となり、神経症になるのである。この場合、問題の人は不信感を持って、どの「あなた」にもそっぽを向け、恐れ、おずおずしていること、心気亢進、発汗、胃腸のトラブル、尿意逼迫のような身体的な症状によって、常に他者に近づくことを妨げられていることをはっきりと示す。個人心理学が解明するところでは、明らかにこの人は他者との接触の感覚を十分発達させてこなかったことを語っている。このことから、失望が彼〔女〕を孤立させることになったのである。今やわれわれは問題に近づき、神経症について理解できる。例えば、仕事において金を失うことでショックを受けるとしても、そのことはまだ神経症ではない。そのような時に立ち止まり、ただショックを受けるばかりであれば、初めて神経症的な現象となるのである。このことは、この人が十分な程度の協力を獲得していなかったこと、すべてがうまくいくという条件付きの時だけ前進するということを理解する時にだけ説明がつく。

　同じことは愛の問題にも妥当する。たしかに愛の問題は取るに足らないことではない。一定の経験、理解、責任を必要とするからである。人がこの〔愛の〕問題によって興奮したりいらだつ時、一度退けられればもはや前へ進まない時、この問題を前にして後退するにあたって、後退を保障するすべての感情も見られる時、人生についてこのような判断を得て後退に固執する時、このような時初めて神経症になるのである。

誰かが非難を集中的に浴びればショックを受けるが、これが持続するのは、人生の課題に準備ができていない時である。そのような人は〔課題を前にして〕立ち止まってしまう。このように立ち止まることを私は次のように説明した。あらゆる問題の解決に向けて正しく準備されておらず、子どもの頃から協力するということがなかったのである。

しかしさらに次のようにいわなければならない。神経症においては、われわれが見てきたのは、苦しみであって快適なものではないということである。もしも私が誰かに解決する準備ができていない課題に直面することから帰結するような頭痛を〔そのような状況とは関係なく〕引き起こすようにといっても、そうすることはできないだろう。それゆえ、神経症者は苦しみを生み出すとか、病気になりたいのだとするあらゆる説明を即座に斥けなければならない。

たしかに苦しいのである。しかし、課題を解決する際に〔解決できなくて〕自分に価値がないと見えないために、大きな苦しみよりも今の苦しみを選ぶのである。神経症者は、あらゆる神経症の苦しみを我慢する。神経症の人もそうでない人も、自分に価値がないことがあらわにされるくらいなら、価値がないことが明らかにされることに頑強に抵抗するだろうが、神経症者の方がその程度がはなはだしいのである。

過敏であること、いらいらすること、強い情念、個人的な野心がどんなものかありありと思い浮かべれば、このような人が、自分に価値がないことが明らかになるという危険の中にあると信じている限りは前へと進もうとはしないことが理解できるだろう。

それでは、このようにショックを受けることで、どんな精神状態が生じるだろうか？　人が生み出したのではないし、望んだのでもない、しかし精神的なショックを受けた結果、敗北したと感じることの結果、あるいは、価値がないことがあらわにされるのではないかという恐れの結果、たしかにショック状態は存在するのである。〔しかし〕こうして生じたショックと闘おうとはしないし、ショックから自らを解放するにはどうしたらいいかわからない。ショックがなくなってほしいと望むだろう。よくなりたい、症状から解放されたい、といい続けるだろう。それゆえ、医師の診察も受ける。しかしもっと恐れているものがあることを知らない。価値がないことが明らかになることである。価値がないという暗い秘密が明らかになるかもしれないのである。

　われわれは今や神経症とは一体何か理解できる。それはいかなる犠牲を払っても価値があるように見えるために、あらゆる犠牲を払うこと、しかし同時にこの目標を犠牲を払うこともなく達成しようと試みることである。残念ながらこれは不可能なことである。神経症者を人生によりよく準備させ、よりよく適応させ、勇気づけるしかない。このようなことは鞭打ち、罰、厳しくすること、強制ではなしとげることはできない。一定の活動性を自由にできれば、いかに多くの人が、問題を解決するよりもむしろ自殺するかが知られている。このことは明白である。それゆえわれわれは強制からは何も期待できないのである。むしろ神経症者が自信を持ち、問題の解決に取りかかることができるまで、体系的な準備をしなければならない。他方、深淵の前に立っていると信じ、駆り立てられればそこへと墜落する、即ち、自分に価値がないことがあらわにされることを恐れるのが人間である。

　三十五歳の弁護士が神経症、絶え間ない後頭部の痛み、胃のあたりのあらゆる種類の痛み、頭部全体の鈍痛、全般的な弱さと疲れを訴える。その上、いつも興奮し、落ち着きがない。知らない人と話さなければならない時、気絶するのではないかという心配をしばしばする。家では両親の家庭の中にあってくつろぐことができる。もっともそこでも雰囲気を気にいっているわけではない。この症状のゆえに成功を収めることができないと確信しているのである。

　検査結果は、うつのために筋肉の緊張が失われた時に後頭部と脊椎の痛みを説明するために引き合いに出された側湾以外の結果は陰性だった。疲れやすいことはただちに落ち着きがないことに帰されるが、たしかに頭部の鈍い感覚のように、うつの部分現象としても理解できるものである。胃のあたりの痛みは、われわれがここで用いている全般的な診断からは理解するのは困難で、側湾からくる神経のいらだちとして生じうるが、劣等器官の精神的ないらだちへの答えである偏愛の表現でもありうる。胃のトラブルが子ども時代に頻発したことと、父親が似たような訴えをしていることが、後者の解釈を支持する。父親の場合も器質的な異常はなかった。患者は、時折の興奮は、常に食欲の低下時に、時々は嘔吐が伴うということも知っている。

　おそらく些細なことと見なされる訴えが、われわれに患者のライフスタイルをもう少し詳しく理解させる。落ち着きのなさは明らかに「成功」をめぐっての闘いをすっかり断念したわけではないことを語っている。家ではくつろげていないといっていることも、限られた程度においてではあるが、同じ推論を支持している。限られた程度で、というのは、知らない人に会うのではないかという不安は、家においても彼から離れることはないからである。しかし意識を失うという恐れは、彼の神経症の働きを垣間見させる。見知らぬ人に会わなければならない時、意識を失おうとあらかじめ考えて、人為的に興奮を高めるといっているのに、行動目的のあり方を知らないのである。なぜ患者が、意図的であるかのように、人為的に混乱するところまで興奮を高めていることを知らないかということについて、二つの理由をあげることができる。

一つの理由は、一般的には理解されていないが、明白である。患者は、いわば横目で症状だけを見て、自分の歩み方との関連は見ていないのである。もう一つの理由は、容赦のない後退、私が以前に最も重要な神経症の症状として叙述したように「後ろ向きの前進」は、中断することはできないということである。もっともここで考察しているケースでは、事に踏み切るためになす弱々しい試みと結びついている。患者は三つの人生の課題――交友、仕事、愛に対しては明らかに準備ができていないのだが、この課題にぶつかる時に感じる興奮は、器質的な変化を呼び起こすために身体をとらえるだけでなく、精神をも変化させる。この興奮も無論証明されなければならない。以前は全般診断学、個人心理学の経験の助けと医学心理学的な直観によって推測されただけだからである。この人は十分準備ができていないので、身体と精神に混乱が起こる。患者はおそらく既に早くより小さな失敗から学び「外因的な」要因の前で尻込みする。甘やかされた子どもとして（これは後に証明しなければならない新しい証拠である）自ら立てた、他者に関心を持たない個人的な優越性の目標は、ますます達成できないとわかったので、今やいっそう持続的に失敗に脅かされている。

この常に最終的に失敗するという不安から端を発する感情が高まった状態においては、この不安はこの言葉の通常の意味では常に明らかに現れるわけではないが、われわれが神経症と精神病に見出す症状が起こる。この症状は大抵生まれつきの身体的な体質と常に獲得される精神的な体質にしたがって生じる。

神経症の原因と力動

しかしこれは既に神経症なのだろうか？　個人心理学は人は人生の課題を解決するために不十分に

しか準備できていないということ、あるいは十分に準備できているということ、しかしその間には何千という変種を見つけることができることを明らかにするために、実に多くのことをしてきた。また、外生要因を前に〔人生の課題を〕解決できないと感じることが、身体と精神に多様な仕方でショックを与えるということを理解させるために、多くのことをしてきた。個人心理学はまた、十分でない準備は、最も早い子ども時代に由来し、体験によるのでも感情によるのでもなく、知識によってのみよりよいものにできるということも示した。そして共同体感覚は、ライフスタイルにおける不可欠な要素であり、すべての人生の課題の解決のために決め手となる仕方で存在しなければならないことを見出した。

　私は失敗の感覚に伴いそれを特徴づける身体的及び精神的な現象を劣等コンプレックスと叙述した。無論、劣等コンプレックスの場合、よく準備できていない人のショックの作用は、よりよく準備された人よりも大きく、勇気がある人の方が、勇気を欠き常に外からの助けを求めている人よりも受けるショックは少ない。誰でも多かれ少なかれショックを与える葛藤を持っている。誰もがそれを身体的にも精神的にも感じている。われわれは、身体と外的な社会関係を持っているので、誰も外界に対する劣等感を持たずにいることはできない。遺伝する器官劣等性はあまりに多くあるので、人生の過酷な要求から逃れることはできない。子どもに影響を及ぼす環境の要素は、子どもに「正しい」ライフスタイルの構築を容易に可能にするような種類のものではない。甘やかしと、誤って思い込まれたのであれ実際のものであれ無視は、とりわけ甘やかしは、子どもをあまりにしばしば共同体感覚とは相容れないところに置く。さらに、子どもは自分の運動法則を大抵正しい導きなしに見出す。子どもたちはその際、個人的な人間の限界によってのみ制限された恣意的で当てにならない試行錯誤の法則を用いるのである。しかし同時に常に無数に変種のある優越性の目標に向かって努力する。子どもの創造的な力は、すべての印象と感覚を個人的な運動法則を発達させる際に、最終的な人生への態度決定をするために「使用する」。この個人心理学によって強調された事実は、後に「態度」あるいは「ゲシュタルト」と名づけられたが、その際、全体としての人間と人生の三つの大きな課題との結びつきは正しく評価されず、個人心理学の業績は認められなかった。

それでは「悪い」子ども、自殺者、犯罪者、きわめて反動的な人、正気を失った極度に急進的な闘士、投げやりに漫然と日を過ごす人、自分のまわりにあるもめごとのために満足することを妨げられている贅沢な暮らしをしている人の葛藤は、身体的及び精神的な結末と共に既に「神経症」なのか？

彼〔女〕らは誤っているが、固執する運動法則の中で個人心理学によって強調された「真理」とぶつかり、永遠の相の下での「正義」、理想の共同体の情け容赦のない要求と矛盾することになる。彼〔女〕らは無論、この衝突の何千という結末――無論、身体的にも精神的にも何千という変種があるが――を辿る。しかしこれは神経症なのか？

理想的な共同体の過酷な要求がなければ、誰もが、人生において自分の誤った運動法則――空想に満ちた欲動、条件反射ともいえる――に満足することができれば、いかなる葛藤もないだろう。〔しかし〕誰もこのようなばかげた要求をすることはできない。そのような要求は、個人と共同体の結びつきを無視し分離しようという試みがなされる時、おずおずして提案される。誰もが理想的な共同体の鉄の法則に多かれ少なかれ進んで服従する。極度に甘やかされた子どもだけが、ホラティウスが非難して強調しているように「私は事を私に従属させることを試みる」ことを期待し、要求するだろう。これは自由に訳すと次のようになる。「何も貢献することなく共同体の貢献を私のために利用すること」となる。

「なぜ私の隣人を愛さなければならないのか」は、切り離すことのできない人間の結びつきと、容赦なくわれわれを導く共同体の理想が発する問いであり、共同体の目標を十分に自分と運動法則の中に持ち、それを呼吸のように生きている人だけが、自分に近づく葛藤も、共同体の精神で解くことができるだろう。

誰もが経験するように、神経症者も葛藤を体験する。しかし神経症者による解決の試みは、神経症者をはっきりと他の人と区別する。〔この試みには〕様々な変種があるので、部分的な神経症や混合した形態を見つけることができる。神経症者の運動法則には、課題からの退却がある。神経症者は、その課題に失敗すれば、共同体感覚からあまりにも離れた虚栄心、個人的な優越性の追求、一番になろうとする努力を危険にさらすことになると恐れるが、子どもの頃からそのような運動法則の中で訓練されているのである。神経症者のモットーで、大抵ほとんど修正されることのない「全てか無か」、絶えず失敗を恐れる人の過敏、いらだち、敵国に住んでいるかのような感情の高まり、貪欲は、必要以上に頻繁にそして強い葛藤を創り出し、ライフスタイルによって指示された動きを容易にする。子ども時代から訓練され試みられた退却の戦略は、「退行」を小児欲求に基づいている、と思われるかもしれない。しかしこのような欲求は、神経症者には重要ではない。むしろ、あらゆる種類の犠牲を払ってでも退却することこそが、重要なのである。ここでも犠牲を「自己処罰の形」と取り違える可能性がある。しかし神経症者にとって重要なのは、自己処罰、退却による軽減の感覚である。この感覚が、虚栄心と高慢の崩壊から神経症者を守るからである。

個人心理学における「安全」の問題が何を意味するかが、おそらくここで今やついに理解できるだろう。それは全体の連関の中でのみ理解される。「二番目」ではなく一番として見られなければならない。神経症者は運動することで自分を「安全にする」。そして失敗で脅かす問題をしようとする時に生じた身体的、精神的な種類のショックの症状を強めることで運動を「確かなものにする」のである。

神経症者は苦しいことを、自分には価値があるという感覚が崩壊することよりも好む。この感覚の強さについて知っているのは、これまでのところ個人心理学だけである。精神病においてははっきりと現れる、この自分には価値があるという感覚を私は優越コンプレックスと名づけたのだが、この優越コンプレックスは非常に強いので、神経症者自身はぞっとする畏敬で遠くから気づくだけか、現実においてそれを試すべき時には、そこから喜んで注意を逸らせる。それは神経症者を前へと駆り立てる。しかし神経症者は退却するためにすべてを斥け、退却を妨げるかもしれないすべてのことを忘れてしまわなければならない。退却に関係する思考、感情、行為の余地があるだけである。

神経症者は、関心の全てを退却に向け、前に向かう歩みのすべてを、あらゆる恐怖を伴った深淵への転落と見なす。それゆえ、全力で、あらゆる感情、なじみの後退の手段で、自分を背景に置こうとする。関心の全体をショックの体験に向け、そうすることで唯一の重要な要素、即ち、どれほど自分の利己的な高い理想から離れているかを知ることから目を逸らしたままでいる。コモンセンスに反対して自分のライフスタイルに固執するために、興奮させられた感情（大抵は夢が好むように比喩的に隠すことで）を使う。その感情は、そのようにして、今や完全に確立され、失敗へと駆り立てられないようにするために、安全に固執することを可能にする。

他者の意見と判断は大きな危険になる。それらは神経症を発症した時に情状酌量する状況になるが、それがなければ神経症者の不確かな名誉も認められない。要は、脅かされている名誉を守るためにショックの体験を用いること、これが神経症である。もっと短くいうことができる。神経症者の態度は「はい、でも」という形になる。この「はい」に共同体感覚が認められるが、「でも」に認められるのは、後退と安全である。宗教の失敗に神経症の責任を負わせれば、宗教を害することになる。また、それを承認することが神経症を治療するものとしてほめるのなら害することになる。

　われわれの患者は大学を出ると、弁護士事務所で助手として就職しようとした。〔しかし〕数週間しかとどまらなかった。仕事の領域があまりに向いていなかったからである。何度もさまざまな理由で仕事を変えた後、理論的な研究に専念しよう、と決心した。法律問題について講演する依頼があったが、断った。なぜなら「多くの人の前では話せないから」というわけである。当時、彼は三十二歳。症状が再発した。彼を助けたいと思った友人が、共同で発表することを申し出た。われわれの患者は、先に話すという条件を課した。演壇に登ると、震え、混乱した。そして意識を失うのではないのではないか、と恐れた。目の前には黒い染みしか見えなかった。講演のすぐ後、胃痛が始まった。そして、もしもう一度多くの人の前で話さないといけないとしたら死ぬに違いない、と想像した。こんなことがあった直後に彼がしたのは、子どもに授業をすることだけだった。

　彼を診察した医師は、健康になるためにはセックスをしなければならない、と説明した。われわれであれば、このような忠告が無意味であることを予見することができただろう。既に後退していた患者は、この忠告に、梅毒を恐れること、道徳的な疑念、欺かれて非嫡出児の父親である罪を着せられるのではないかという恐れで答えた。両親は彼に結婚するように忠告した。この忠告は、彼が少女と結婚したので一見成功したように見えた。〔しかし〕妻は妊娠すると家を出て、両親のもとへ戻った。妻がいうところでは、彼の絶え間のない見下すような批判に耐えることができなかったのである。

われわれは今やわれわれの患者がいかに高慢になりうるかということを見る。ただしこれは楽な機会が与えられた時のことであって、事柄が不確かに見えれば、ただちに退却を始めるのがわかる。妻の子どものことも気にかけなかった。心配したのは、自分が劣っているように見えないかということだけだった。そしてこの心配は、彼が最も求めている成功よりも強かった。人生の前線に立った時には失敗し、非常に強い、持続する不安の波に襲われた。そして恐怖の幽霊を呼び出して退却〔の衝動〕を強めた。そうすれば退却することが容易になったからである。

もっと強い証拠が要るだろうか？　二つの仕方で証明したい。まず、われわれが彼に見出したライフスタイルを、彼は、誤って身につけたということを確かめるために、彼の早期の子ども時代に遡りたい。次に、彼の人生から同じ方向に進む、このようなライフスタイルの形成に貢献する事実を引き出してみたい。

私はどの場合においても、性格形成にさらに貢献する事実が、既に見つけられたものと完全に一致することが明らかになれば、そのことをこの種の発見が正しいということの最も強力な証拠として見なすだろう。さもなければ、治療者の見解は、しかるべく改められなければならないだろう。

母親は患者が述べるところでは、穏やかな女性である。患者は母親に非常に依存し、母親も彼を徹底的に甘やかし、彼から常に立派な行いを期待した。父親はそれほど甘やかすことはなかったが、患者が泣いて何かをほしがった時は必ず折れた。患者はきょうだいの中では末っ子の弟を好み、弟は兄を神のごとく崇めた。そして〔兄の〕欲求を満たし、いいなりになった。患者は家族の希望で、他のきょうだいの中にあってもいつも自分の意志を通した。そこで彼は並外れて安易なあらゆる状況に置かれ、そのことも彼を外界に対して不適応にしたわけである。

このことは初めて学校へ行くことになった日にただちに明らかになった。彼はクラスの中で一番年下だった。このことを、二回学校を変わることで劣った位置にいることを嫌うことを表明するきっかけにした。しかしそれからは恐るべき熱心さで他の全ての生徒よりも優るために勉強を始めた。〔しかし〕これがうまく行かなかった時、退却し始め、しばしば頭痛と胃痛を理由にして学校を休んだり、遅刻するようになった。この時期最も優れた生徒の中には入らなかったが、そのことを彼も両親もしばしば学校を休むことのせいにした。他方、同時にわれわれの患者は、他のどの生徒よりも知識があり、本を読んだことを強調した。両親はちょっとしたことで彼を寝かし、手塩にかけて世話をした。〔そこで〕非常に不安な子どもになり、母親を夜の間も自分に関わらせるために、寝ている間にしばしば叫び声をあげた。

　彼がこれら全ての現象の意味と連関についてはっきりとわかっていないのは、理解できる。それらはどれも彼のライフスタイルの表現であり表明だったのである。明け方まで〔寝ないで〕ベッドに横になっていたのは、次の日に遅く起きられるという特権を享受し、毎日の仕事を一部免れるためであるということも知らなかった。女性に対する恐れは、男性に対するよりも大きかった。この態度は、彼の成長を通じて成人するまで、ずっと続いた。人生のどの状況においても、彼が勇気を欠いていたこと、虚栄心を失う危険は断じて冒そうとはしなかったことは、容易に理解できる。少女に好意を持って受け入れられることを確信できないことは、母親の献身を期待する時の確信と対照的だった。結婚した時も同じような支配を手に入れたかった。それは母親ときょうだいのもとでは享受できたが、当然、結婚した時には失敗したに違いなかった。

　私は、最も古い子ども時代の早期回想に、意味はしばしば深く隠されているが、ライフスタイルを見つけることができることを示してきた。われわれの患者の最初の記憶は次のようなものである。「弟が死んだ、そして父は家の前ですわり、激しく泣いた」。われわれは、患者が講義の前に逃げ帰り、死んだと偽ったことを思い出す。

友情の問題にどう立ち向かっているかは、仲間に対する能力をよく現している。われわれの患者に友人がいたのは少しの間だけで、いつも必ず支配したかった、という。これは他者の友情の搾取にほかならないといえる。このことを友好的に指摘すると、彼は次のように答えた。「私は誰も共同体のために努力しているとは思わない。ただ自分のためにしているだけだ」。彼がいかに退却のために準備しているかは、次の事実からもわかる。彼は雑誌の記事や本を書きたいと思った。しかし書き始めると、非常に興奮するので考えることができないのである。寝る前に本を読まないと眠れない、と説明する。しかし、本を読むと頭が重く感じられるので眠ることができない。少し前に父親が亡くなった。ちょうどその時、彼は他の街を訪ねていた。その街に間もなく赴任することになっていたのである。〔しかし〕この街に足を踏み入れれば、死ぬだろうという口実で断った。そこで彼自身の街でのポストが申し出られたがその時は、最初の晩に眠れない、そうすると次の日は失敗するという理由で断った。彼は最初に完全に健康にならなければならないのである。

夢

患者の夢にも運動法則、即ち、神経症者の「はい、でも」を見つけることができることの例をあげよう。個人心理学の技法を使えば夢のダイナミックスを見つけることができる。夢は新しいことを語らない。患者の行動からも知ることができないことは何も語らない。夢を見る人は、自分の運動法則には従うが、コモンセンスには反して、人為的に感情を覚醒させ、そのことが自分のライフスタイルを貫徹するという手段になることを正しく理解して、その中身を選択していることがわかる。そして、患者が、失敗する恐れに抑圧されて症状を創り出しているということの証拠も、しばしば見ることにもなる。この患者の夢は次のようなものだった。「私は橋の向こう側に住んでいる友人を訪ねることになっていた。橋の欄干が新しい色に塗られていた。私は水の中を見たくて、欄干に寄りかかった。欄干が私の胃の辺りを押したので痛み始めた。自分にこういった。水の中を覗き込んではいけない。落ちるかもしれない、と。しかしそれでも私は敢えてもう一度欄干のところまで行って、下を見た。でも安全でいる方がずっといいと考えて急いで帰った」

友人を訪ねることと欄干が塗り替えられていたことは、共同体感覚と、よりよいライフスタイルが新しく作られたことを示しているが、高いところから落ちるのではないかという患者の恐れ、「はい、でも」が十分はっきりと強調されている。先に述べたように、恐れの感覚の結果である胃痛は、体質的にいつもある。夢はそれまでの医師の努力を拒否しようとする態度と、古いライフスタイルが勝利したことを示している。この勝利は、退却の安全が疑われた時のさしせまった危険について印象的な像に助けられたものである。

結論

神経症は、ショックから生じる、このことは患者には理解されない症状の自動的な搾取である。この搾取は、名声を失うことをあまりに恐れ、既に子ども時代に大抵は甘やかされた子どもとしてこの搾取の道へおびき寄せられた人にふさわしい。身体症状についてなおいくつか付け加えたい。これについては何人かの研究者の想像が勝利を祝う。

事情は次のようである。有機体は全体であり、進化の贈り物として平衡を追求するようになっている。これは、困難な状況においても可能な限り、保持される。可変の心拍、息の深さ、呼吸数、血液の凝固、内分泌腺の関与が平衡を維持している。とりわけ精神の興奮が植物系と内分泌系を興奮させ、腺の量の変化のきっかけとなることがいよいよ明らかになっている。今日われわれは甲状腺の変化がショックによることを何よりも理解している。

この変化は時に致命的になりうる。私はこのような患者を診たことがある。この領域における最も偉大な研究者であるゾンデックが、どんな精神的な作用が〔この変化に〕関わっているかを確かめるために私の協力を求めた。さらに、バセドウ病のすべてのケースは、精神的なショックの結末として起こることは疑いない。精神的なショックが甲状腺を刺激する人もいる。

副腎についての研究も進展した。交感神経アドレナリンコンプレックスについて語ることができる。とりわけ怒りの感情がある時には副腎腺の分泌の量が増すことが明らかになった。それが心拍の増加や他の変化を引き起こすのである。そこで、頭痛、顔面痛、そしておそらくは癲癇の発作は、精神的なきっかけによって引き起こされることが理解できる。このケースにおいては、問題によって繰り返し新たに刺激されるような人が問題になっている。ここで問題が〔人生の〕どの時期に起こるかを考察しなければならないことは明らかである。二十歳の神経症の女性であれば、おそらくここでは愛の問題ではなく、仕事の問題が脅かすものとして面前にあることがわかる。五十歳の男性や女性であれば、彼〔女〕らが解けないと信じているか、実際に解くことができないのは、老いの問題であると理解するのは困難ではない。われわれは人生の事実を決して直接に感じるのではなくて、ただそれについてのわれわれの見方によって感じるのである。これが規範である。

治癒は知的な方法によってのみ、即ち、患者が自分の誤りの洞察を増すこと、共同体感覚を発達させることによってなしとげられる。

第十一章　性的倒錯

様々な心理学的アプローチ

私はここで性的倒錯についての図式的な叙述が失望をもたらさないことを希望する。私がこのことを希望するのは、私の読者の大部分が問題の暫定的な示唆であっても、詳細な扱いと同じように受け取れるほど、個人心理学の根本的な見解を熟知しているからである。ここでは私の世界観が、性的倒錯の構造とも一致していることを示すことが重要である。

われわれの世代では、この問題について議論することは、決して安全な事柄ではない。今日、性的倒錯を生まれつきの要素に帰する傾向が圧倒的だからである。このことは非常に重要なので、この観点から目を離してはならない。われわれの見方によれば、性的倒錯においては、人の教育に関して当該の人が知ることなく流れ込んだ人為的所産が問題である。ここから私と他の研究者との大きな違いを見ることができる。他の人、例えばクレペリンが似たような見解を強調しても、われわれの困難が減ることもわかるだろう。

他の人とわれわれの関係を明らかにするために症例をあげよう。これはしかし性的倒錯には関係しておらず、私の心理学的な観点の例として役立つ。幸福な結婚生活を送り、子どもが二人いる女性のケースである。彼女は六年来まわりの人と闘っている。彼女には子ども時代から知っており、その能力に驚嘆してきた長年の女性の友人がいるが、その女性がこの六年間、支配的な女性であることがわかり、常に〔他の人を〕苦しめることばかり考えている、というのである。彼女自身がそのことで最も苦しんできており、そのことの例をたくさんあげるのだが、そのことを他の人からは否定されるという。彼女はいう。「私は多くのことで行き過ぎました。でも、根本的には正しいのです。六年前にこの友人は別の友人がいないところで彼女について否定的なことをいいました。でも、その人がいれば、いつも愛想よくふるまっていました」。そこでこの患者は、友人が自分についても同じようなことをいうのではないか、と恐れたのである。別の証明。その友人がこんなことをいったという。「犬は従順かもしれないけど、馬鹿よ」。そういいながら、彼女はわれわれの患者の方をちらりと見たが、「あなたのようにね」といわんばかりだった。患者のまわりの人たちは、彼女が発言をこんなふうにとるので困惑していた。友人たちはそれに対して重きを置いていたわけではないが、大いに憤激し告発された人を弁護した。

この女性は、他の人にはいい面を見せた。彼女の考えを確かめるために、このようにいった。「彼女がどんなふうに犬を扱うかごらんなさい。犬を虐待し、芸当をさせている。犬はそのことをつらく思っている」。まわりの人たちは思った。「でも犬のことではないか。人への態度とは比べることはできない。人には優しい」。われわれの患者の子どもたちは、友人の側につき、母親の見方に反対した。夫も別の見方が可能である、と否定した。患者は、友人がとりわけ自分に対して支配的であることの証明を求め続けた。

私は彼女が正しいと思っている、と患者に説明することをためらわなかった。彼女はそのことを喜んだ。そこで友人が支配的であることを示すさらに多くのことを語った。ついに私の印象は彼女の夫によって確かめられた。

その時突然、このあわれな女性が語っていることは正しいが、知識の使い方を誤っているのがわかった。人をけなす偽装された傾向のようなものがあり、人は大目に見なければならないことを理解する代わりに、この友人の女性に全面的に反対し、すべてが非難に値すると思って激怒したのである。彼女は他の人よりも繊細な皮膚を持っていて、理解していないにしても、友人の中で起こっていることをよりよく推測することができた。

私がいおうとしているのは、この世界で正しくあるということは、しばしば最も嫌なことであるということである。思いがけないことに聞こえるかもしれないが、誰でも自分の人生の中で自分は正しかったが、そのことから災いが生じたということをおそらく経験したことがあるだろう。

この女性が、繊細ではない誰か治療者の手中に陥った時に、何が起こりえたであろうかということだけを考えればいい。そのような人は、好訴妄想、偏執的考えについて語るだろうし、彼女をいよいよ悪くなるように扱うだろう。

人は正しければ、その見方を断念するのは困難である。自分が正しいことを確信しており、今は自己弁護しなければならない研究者は、皆この立場にいるといっていい。われわれの見解をめぐって大きな論争が巻き起こったとしても驚くことはない。われわれはただ正しくあること、この立場を誤って用いることがないように注意しなければならない。われわれの見解に闘いを挑む研究者が多くいるということでいらだたないようにしたい。学問においては並外れた忍耐が要るのである。

今日、性的倒錯に関して遺伝説が支配的である。この考えを支持する人は、単純に遺伝の問題で第三の性について語るか、第三の性は人に生まれつきのものだという。あるいは、生まれつきの要素が展開するだけで、それには抵抗できない、と考える。また生まれつきの〔身体的〕要素について語るかもしれない。〔しかし〕これらすべての要素は、われわれの見解を断念させることはできない。器質説を採る人は、器質的な変化や器質的な異常を探す際、成績がよくないことが明らかである。

　同性愛に関しては私は去年出たニュースをあげたい。この問題に関しては一九二七年にラクールが、全ての男性の尿に女性ホルモンが見られることを発見した時に提起された。われわれの見解をあまり知らない人はこの事実に驚くだろう。性倒錯が進化するとすれば、性が二つあることに由来するからであると考えるかもしれない。しかし、ベルンの九人の性倒錯者についての研究は、同じホルモンが非倒錯者にも見られるということを示した。これはわれわれの方向における前進である。同性愛はホルモンに依存するのではないのである。

　一つの図式を提起しよう。これにしたがえば、心理学の全ての方向を分析することができる。所有の心理学がある。これは人間が何を持ってこの世界に生まれてきて所有しているかを確かめることに関わり、この所有から精神的なものの全てを引き出そうとする。コモンセンスの立場からすれば、これは由々しいことである。人は他のことに関しては、人生において全ての推論を所有から引き出す傾向はなく、所有しているものをどう使用できるかを引き出そうとするからである。われわれは所有よりもはるかに使用に興味がある。剣を所有していても、それだけでは剣を正しく使えるとはいえない。捨てることも、めった切りにすることも、研ぐこともできる。われわれに興味があるのは使用である。それゆえ、私は、心理学には、使用の心理学として見なければならない別の方向がある、といいたい。人間の人生の課題への態度決定を考察する個人心理学は、人間を理解するために使用に注目するのである。正しく考える人は、誰も能力を超えることを使用することはできず、常に人間の能力の限界の中にとどまり、その範囲を超えたことについては、何も最終的なことはいえないということを私が付け加える必要はない。まだ当たり前のことを語らなければならないことは残念なことであり、心理学の領域に無知な人による凱旋歌であることを明らかに示している。

個人心理学のアプローチ

能力の使用についてさらに語らなければならない。個人心理学が人間の精神生活における運動法則を、人間の個性を決める決定的な要素であると説明したことは、個人心理学の最も大胆な一歩だった。運動を形として見るためには運動を固定することが必要だったが、われわれは常に全ては運動であるという観点から見て、問題を解決し克服するためにはそのようでなければならない、と見たのである。快楽原則がこれに矛盾するとはいえない。快楽を追求することも、欠点や苦痛の感覚を克服する試みだからである。これが正しければ、われわれは性的倒錯もこの観点から見なければならない。このようにして初めて、運動の領域は、個人心理学が要求しているように明らかになるのである。

　私は、われわれはこの方法で倒錯の構造についての公式、根本見解に到達したけれども、個々のケースについては、それでは十分でないことが多くあることを強調した。個々のケースは、いずれも一回限りで、再現できない。例えば治療するのであれば、一般的ないい回しは捨てなければならない。個人は、使用の心理学の事実からは、規範的で社会的な環境から切り離されれば、個人の特性について推測することはできないということが帰結する。人を吟味して、自分の能力をどう使うかを見て初めて、個々の人についての特性について何かをいうことができるのである。この意味で個人心理学は、制限された実験心理学により近くなる。ただし個人心理学では人生が実験なのである。

個人が直面する外生要因は、われわれの観察にとって非常に重要である。まさにこの一回限りの個人の前にある問題に対してどんな関係を持っているかを理解できるようにならなければならない。われわれは二つの面を観察し、この人が外の問題に対してどんな仕方で動いているかを学ばなければならない。われわれは、人が問題に対してどのように主人になろうとし、それに打ち勝とうとしているかを見出そうとする。歩き方、即ち、常に対人関係的な課題の前にある個人の運動法則は、個人心理学の観察領域である。ここで無数の多様性を前にしているのである。

恐るべき多様性にあって、暫定的にタイプと仮定されるものには、常にその変種があるのであって、それは結末において確かめられなければならないということをしっかりと意識していなければならない。タイプの理解は、探求領域を照らすだけであり、暫定的にタイプを仮定する時にだけ、どの道を行けばいいかがわかる。それから個性を見つけるという困難な課題が始まるのである。このためには繊細な皮膚が必要である。人はそれを手に入れることができる。

さらに個々の現前する問題の重さと力が正しく理解されなければならない。そのことは、人が十分な社会的な経験とライフスタイルを正しく理解すること、即ち、個人の特性の全体への繊細な共感能力を持っている時にだけ、なしとげることができる。われわれが認めるこの運動法則に、四つのタイプを区別することができる。私はそれについて『個人心理学雑誌』に最近掲載した二つの論文で叙述した。

個人にとっての性倒錯の発達

愛の生活の課題に直面した他の運動の形に加えて、性倒錯者においては、歩幅が顕著に狭いことが見られる。歩幅が普通の程度ではなく並外れて狭く、例えばフェティシズムの場合のように、問題の一部しか解決されていないことが明らかになる。これらの運動法則は、規範をすべて排除することで、劣等感という克服の目標に向けられているという事実を理解することも重要である。運動と人がその能力をどう使っているか、その際〔人生についての〕考え、即ち、人が人生に知らずして言葉や概念に表すことなしに押しつける意味づけが、人を導くことを観察し、この視点から出発すれば、人生の課題に全面的には専念しておらず、距離を取っているか、あるいはゆっくりとそこに進んで行き、時間を無為に過ごしている時に、人が何を克服することを目指しているのか、何を克服すれば満足できると考えているかを推測することができる。以上のことを、長くためらっていたので闘いに勝つことができたファービウス・マキシムス（クンクタトル、ためらう人と呼ばれた）の例に示すことができるだけである。しかしこれはまたもや規則に厳密に固執してはいけないということだけを示している。

この克服の目標は、性的な神経症（不感症、早漏などの）においても明らかになるだろう。問題への取り組みはされるが、距離を置いてためらいの態度を取って協力するということがない。したがって問題が解決されることはない。このような運動の形においては排除の傾向も見られ、これは純粋の同性愛において最もはっきりと見られる。その傾向はフェティシズムやサディズムのような他のケースにおいても働いている。後者では強い攻撃性が見られるが、これは問題の解決へと導くことはなく、ためらいや排斥の特有の形を認めることができる性的興奮が、一方的な問題の解決のきっかけを与える他者への抑圧と攻撃を引き起こす。これはマゾヒズムにも当てはまるが、ここでは優越性の目標は二通りの仕方で理解されなければならない。マゾヒストが自分のパートナーに命令し、弱いと感じているにもかかわらず、自分を他者に命令を与える者と感じているのは明らかである。同時に彼〔女〕は普通の歩幅において失敗する可能性を排除する。欺くことで不安な緊張を克服するのである。

個人の固有の態度決定を観察すれば、次のことを見る。人が一定の動きの形に固執すれば、問題の他の解決の形を排除しているということである。この排除は偶然のことではない。ちょうどこの運動が訓練されるように、排除も訓練されるのである。訓練されない性的倒錯はない。無論、このことを見るのは、動きに注目する人だけである。

さらに第二の観点を強調しなければならない。通常の運動のあり方は、問題を全面的に解決するためであるということである。個人の先行する動きを観察しても、このような準備は全く見られない。個人の子ども時代の最初に遡れば、当時、外からの影響に刺激を受け、生まれつきの能力と可能性から〔ライフスタイルの〕原型が形作られたことを見ることはできる。しかしこの子どもが、その器官のあらゆる影響と体験から何を創り出すかは、あらかじめいうことはできない。ここで子どもは、独自の創造力をもって、自由の領域において活動しているのである。可能性は十分見ることができる。私は常にそのことを強調してきたが、同時にそれが因果的に決まっていることを否定することに努めてきた。弱い内分泌器官をもって生まれてきた子どもが神経症者になるというのは、本当ではない。しかし正しく教育されず社会的に接触することがなければ、一般的に一定の体験が限りなく類似した方向で現れるというある種の可能性はある。環境の影響も、子どもがそこから何を創り出すかをあらかじめいえるようなものではない。ここに自由と誤謬の領域において何千という可能性がある。誰も絶対的な真理を捕まえることができないので誤るのである。次のことが示される。原型は、普通の人間に限りなく近づくためには、協力への一定の衝動を持っていなければならないということである。人間の成長の全体は三歳、四歳、五歳の時にどれだけ接触の能力を発達させたかに依存する。当時既に〔他者と〕結びつく能力がどの程度のものかが示される。この観点から失敗を観察すれば、あらゆる失敗する運動の形は接触能力の欠如ということから説明することができる。さらに、問題の人は、その独自なあり方のゆえに、自分が準備できていない他のあらゆる〔運動の〕形に抗議することを強いられる。われわれは、このような人を判断する時に、寛大でなければならない。十分な程度の共同体感覚を発達させることを学んできていないからである。

このことを理解した人は、愛の課題は対人関係の問題であり、それは他者に関心をほとんど持てない人には解決されることはないということ、また人類の発展に参加していると確信していない人によっても解決されないということも理解している。このような人は、人生の課題に準備できている人とは違う運動の法則を持つことになるだろう。そこでわれわれはあらゆる倒錯者について、彼〔女〕は共生することを学ばなかった、と断言できる。

われわれはまた、なぜ接触能力を欠いている子どもが行き詰まっているのかを理解させる失敗の根源を見つけることができる。社会生活において接触の能力の欠如を引き起こす最も強いきっかけになるのは、甘やかしである。甘やかされた子どもは、自分を甘やかす人としか接触しない。その結果、他の人を排除することを強いられるのである。

どの倒錯にもさらに他の影響を示すことができる。次のようにいうことができる。子どもは、この体験の影響で異性との関係を、この方向で解決できるように運動の法則を形作ったのである。すべての倒錯者は、運動の法則を人生の課題に直面した時だけではなく、準備ができていないあらゆる試験において示す。それゆえ、性倒錯者においては、神経症のあらゆる性格特性を見ることができる。即ち、過敏、焦燥、感情爆発の傾向、欲望である。すべての性倒錯者は、これらのことによって自分がしていることは強いられてのことであるということを正当化しなければならないのである。彼〔女〕らには所有欲があって、それが特性によって彼〔女〕らに与えられた計画を実行させる。その結果、他者に対する危険（快楽殺人、サディズム）も全く排除されていないと他の〔運動の〕形への非常に強い抗議を見ることになる。

証拠の解釈——症例

性的倒錯の一定の形がどのようにしてつきとめられるか、ある倒錯はこのような訓練からでも生じるかの例をあげよう。このような訓練を素質に求めてはならない。訓練も思考上のことであり、夢の中でも行われることを理解しなければならない。これは個人心理学が強く示唆することである。なぜなら多くの人は、例えば倒錯の夢は同性愛が生まれつきのものであることの証拠である、と信じているが、われわれは夢の生活についての解釈から、この同性愛の夢は、訓練の一部であり、同性への関心を喚起し、異性を排除するのに役立つ、と断言できるからである。

この訓練の例を性的倒錯が問題にならない時期のケースであげてみたい。夢の生活においても動きの法則が見られることを示すために、二つの夢を引こう。個人心理学の知識があれば、どんな小さな断片にもライフスタイルの全体を探求することを恐れることはない。しかし夢の思考は、正しく理解しライフスタイルへ関連づければ、個人が直面する問題への態度決定——固定されたライフスタイルによって強いられた態度決定を理解するためには非常に有用なのだが、それだけではなく夢の内容にもライフスタイルの全体を見つけなければならない。今ここでしようとしていることは、探偵の仕事のようである、といってよい。われわれは必要な材料のすべてを持っているわけではない。個人が統一したものであることを確かめるために、推測の能力を極度に高めなければならない。

第一の夢

「僕は未来の戦争の中にいた。男は皆、子どもも十歳以上であれば入隊しなければならなかった」

最初の文章からこの子どもは注意を人生の危機と他者の粗暴さに向けている、と個人心理学者は結論づけることができる。

「……ある晩、眠りから覚めると病院のベッドにいた。ベッドサイドには両親がすわっていた」

このイメージを選んだことから、この子どもが甘やかされた子どもであることがわかる。

「僕はどうしたの、とたずねた。親は戦争だ、と答えた。親は戦争が僕につらいものとならないように願った。そこで女の子になる手術を受けさせた」

ここから両親がどれほど彼のことを心配していたかがわかる。「危険な時は、両親に頼ろう」という意味である。これは甘やかされた子どもの表現形式である。われわれは、無意識でなければ、一歩も前に進むことができない。われわれは〔解釈の〕仕事において可能な限り懐疑的でなければならない。〔ここで〕性転換の問題が現れる。まだ問題がある科学的な試みを別とすれば、男の子を女の子に変えることは、非専門家が考えることといわなければならない。ここでは性生活に関する不確かさが示されている。夢を見た人が、性的な役割については十分に確信を持っていないということである。この子どもが十二歳である、と聞けば多くの人は驚くだろう。どのようにしてこのような考えを持つに至ったか観察しよう。彼は人生は戦争の課題のように受け入れがたいと見ている。そのことに対して抗議しているのである。

「女の子は戦争に行かなくていい。でも僕は入隊しなければならない。僕の性器は撃たれないだろう。他の男の子が持っているような性器を僕は持ってないから」

戦争では性器が失われるかもしれない。しかしこれは去勢を支持するあまり有利な説明ではない。あるいは戦争を拒否することに共同体感覚の表現を見ることができるかもしれない。

「僕は家に帰った。でも、奇跡のように戦争は終わった」

そこで手術は必要ではなくなった。今や彼は何をすればいいだろう。

「僕が女の子のようにふるまうことはおそらく必要ではない。たぶん〔もう〕戦争はないから」

男の子の役割から完全に離れているわけではないことがわかる。このことをわれわれは彼の運動法則の中に認めなければならない。男性性の側へと少し先に進もうとしている。

「家で僕はひどく悲しくなって、うんと泣いた」

よく泣く子どもは甘やかされた子どもである。

「僕の両親がなぜ泣いているのか、とたずねた時、僕は女だから、大きくなったら陣痛の苦しみを味わうことが不安だ、といった」

女性の役割にも何も役立たないのである。われわれが彼の目標を快適ではないことを回避するという方向にあることを確かめたことは正しかった。私は性的倒錯者は子どもの頃甘やかされており、しばしばそのことに気づいていないことを見てきた。少なくとも認められること、すぐに成功すること、個人的な優越性への憧れを持っていた。〔この場合〕子どもが自分が男か女か知らないということが起こりうる……彼はどうするべきなのか？　男になっても女になっても希望はないのである。

「次の日僕はクラブへ行った。実際、ボーイスカウトクラブに入っていたから」

そこで彼がどうふるまうか、われわれにはすぐに思い描くことができる。

「僕たちのクラブに一人だけ女の子がいる夢を見た。その子は他の男子からは離れていた」

性を区別しようとしているのである。

「男の子たちがこちらにくるように、と僕に叫んだ。僕は女だといい、一人だけの女の子のところへ行った。僕がもう男ではないことは奇妙に思えた。僕は女としてどうふるまわなければならないか一生懸命考えた」

突然問題が起こる。「女としてどうふるまうべきか」

これは訓練である。あらゆる性的倒錯者において、いかに無理に訓練が規範を排除したかを観察した人だけが、性的倒錯は人為的に創り出されたものであることを理解するだろう。誰もが自分で創り出したのであり、これも自分で創った精神的器質によってそこへと導かれた。時にはおそらく逸脱を容易にする生まれつきの器質によって誤って導かれたのである。

「考えている時に僕はがたんという音に動揺した。僕は目が覚め、壁に頭をぶつけたことに気づいた」

夢を見る人は、夢の中でしばしば動きの法則に応じた動きをする。『壁に頭をぶつける』というのはよくあるいい方である。彼〔女〕の態度の全体がこの結果を期待させる。

「夢が私に強い印象を残したので……」

印象を残すことが夢の目的である。

「……まだ学校で自分が男か女かわからなかった。休み時間に女の子ではなかったのか確かめるために、洗面所に行かなければならなかった」

第二の夢

「僕は夢をみて、クラスのただ一人の女の子に会った。僕が前に見たのと同じ女の子だった。彼女は僕と散歩したい、といった。僕は答えた。『男の子としか行かないから』。彼女はいった。『僕も男だ』と。僕は信じられないので、証明するよう要求した。すると彼女は男のような性器を持っているのを見せてくれた。僕はそんなことがどうして可能なのかたずねると、手術を受けた、と説明した。男なら女に変わることは簡単だが、何かを付け加えなければならないから逆は難しい、だからゴムでできた男性性器を縫いつけたという。しかしまさにその時、僕たちの話は『起きなさい』という大きな声で邪魔をされた。両親が僕を起こしたのだ。後五分このままでいたい、と頼みこんだ。でも、魔法使いではないので、二度と夢を呼び起こすことはできなかった」

魔法は、甘やかされた子どものあるタイプにおいて見ることができる。魔法を使うことが、彼〔女〕らにとっては最も重要であるように見える。すべてのものを努力や面倒なしに手に入れたいと思い、テレパシーに関心を持っている。

今や彼がこの夢を自分でどう説明しようとするか聞くことになる。

「僕は戦争の話で、性器が空を飛んでいくことを読んだことがある。性器をなくしたら死ぬ、と聞いたことがある」

この子どもが性器を重要なものと見ていることがわかる。

「新聞の一面で、二人の女中が二時間で兵士になった、と読んだことがある」

これは誤って判断された性器の奇形の問題だったかもしれない。

結論

ここでのすべての議論を単純な基礎に置く考えについて一言書いてみたい。少女を扱っているのか、少年を扱っているのか決めるのが困難な真性の半陰陽者が実際いる。彼〔女〕らは半陰陽を自分でどう使いたいかを委ねることができる。擬半陰陽においては、異性に似ていると思わせる奇形を見出すことがある。実のところ、どの人も異性の性ホルモンを尿の中に持っているのと同様、異性の痕跡を自分の中に持っているのである。そこで、人はどの人の中にも双子が潜んでいるという大胆に見える考えを思いつくことになる。双子であることは様々な仕方で示唆される。二つの性の形が同時に存在することの問題は、将来においては双子の問題に解消されるだろう。われわれは、どの人も男と女の素材から生まれると理解している。双子性を探求する際に、誰にでもある半陰陽について明らかにする問題にぶつかる可能性がないわけではない。

治療に関していうならば、倒錯は治癒できないといわれるのを常に聞くだろう。治療は不可能ではないが困難である。治療が困難なのは、倒錯者は生涯を通じて倒錯への訓練がなされてきたということから説明できる。そのような人は、このように人生を送ることを指示する制限された運動の法則を持っており、思春期の最も早い頃から身体と心を正しく使うために人と結びつく能力を形成しなかったので、この方向に行かなければならない。結びつきを見出さなかったからである。心と身体を正しく使用するためには、その前提として共同体感覚が発達しなければならない。このことを知れば、大多数の性倒錯者でさえ治療することもありそうに思わせる。

第十二章　早期回想

私の統一

「私」（個人、自我）の統一についてわれわれはなお少ししか知らないとしても、そこから離れることはできない。統一された（分割できない）精神生活を様々な、多かれ少なかれ無価値な観点から分析することができる。統一された「私」を理解するために、二つ、三つ、四つの異なった空間的な見方を互いに比べたり、対照させることもできる。また、意識、無意識、性的なもの、外界へと広げることを試みることができる。しかし結局はそれを再びちょうど騎手を馬に乗せるように、すべてを包括する活動へと組み入れないわけにはいかない。

　それでも個人心理学が開いた進歩は誤解されてはならない。現代の心理学の見方においては「自我」は正当さを確立した。そしてそれを無意識やあるいは「イド」から強制的に立ち退かせたと信じたにせよ、「イド」は結局「私」と同様、行儀よくあるいは行儀悪くふるまうのである。いわゆる意識もあるいは私も「無意識」によって、あるいは私が示したように「理解されないもの」によってすっかりはめ込まれており、常に異なった程度の共同体感覚を示している。このようなことは、いよいよ精神分析によって理解され、その人為的なシステムの中に組み込まれることになった。精神分析は、個人心理学をもはやそれを解放しない捕虜として捕まえたのである。

記憶とライフスタイル

私は、精神生活は分割できない統一であることを明らかにする努力をしてきたが、早くから記憶の機能と構造を考慮に入れなければならなかったことは、もっともなことである。私は古い研究者たちの、記憶は決して印象と感覚の集積所と見なされてはならず、印象は記憶として残るのではなく、われわれはこの機能において統一した精神生活の部分的な力、即ち「自我」と関わっているという主張を確かめることができた。「自我」は認識と同様、印象を完成されたライフスタイルへ適合させ、それをライフスタイルに一致した仕方で用いるという役割を持っている。

カニバリズムの表現を使うなら、記憶の役割は印象を食い尽くし消化することであるということができるだろう。その際、記憶がただちにサディスティックな傾向を持っている、と信じる必要はない。このことを、私は読者にことさらにいう必要はないだろう。しかし消化プロセスはライフスタイルの機能である。ライフスタイルの口に合わないものは、捨てられたり忘れられたりする、あるいは、警告する例として保存される。ライフスタイルが決めるのである。もしも警告に占められていれば、消化できない印象をこの目的のために使う。その際、用心の特徴が思い出されるだろう。それゆえ、多くは半分しか消化されない。四分の一のこともあれば、千分の一のこともある。しかし消化のプロセスは、印象をとどめる感情や態度決定だけを、消化するという方法へと向かう。時には、言葉や概念の記憶、あるいは、それらの部分が混じることがある。私が普段はよく知っている人の名前を忘れたとする。その時、私はその人を嫌いとは限らない。いつも私に不快なことを思い出させる必要もない。

名前と人に関する限り、一時的か、あるいはライフスタイルに強いられて、ずっと私の関心の外にあるのである。そのような場合でも、私はしばしばその人について、私にとって重要であると見えるすべてのことを知っている。その人は私の前に立っている。私はその人を見て、その人について多くのことをいえる。まさに私が名前を思い出せないがゆえに、その人は完全かつ全面的に私の意識野の中にある。即ち、私の記憶は、先に述べた、あるいは、別の意図において、印象全体の部分あるいは印象の全体を見えなくさせることができるのである。これは人のライフスタイルに対応した芸術的な能力である。そこで、印象の全体は、言葉でいい表された体験よりもずっと多くのことを含んでいる。

　個人の統覚は、記憶に個人の特性に対応した知覚を伝える。個人の特性はこのように形作られた印象を受け取り、その印象に感情と態度決定を与える。反対に、感情と態度決定は、どちらもその人の運動法則にしたがう。この消化プロセスにおいて、言葉や表情においてであれ、あるいは外界への態度決定であれ、われわれが想起と呼びたいものが残る。このプロセスはわれわれが記憶の機能ということで理解しているものをほぼ含んでいる。それゆえ個人の特性に依存しない、理想的で客観的な再生というようなものは存在しないのである。そこで、われわれがライフスタイルの形として認めているものと同じだけの記憶の形があると期待できる。あるライフスタイルとそれに結びついた記憶のよくある例の一つをあげてみよう。

　ある夫が憤慨して、妻が「すべてを」忘れる、と訴えた。医師であれば、まず最初に脳の器質的な異常を考えるだろうが、この場合は、これは問題にならなかったので、私は一時的に症状を脇において（このことが必要であることを多くの心理療法士は理解していない）ライフスタイルを掘り下げることにした。

妻は落ち着いた友好的で知的な人であることがわかった。彼女は姑によって引き起こされた困難に直面しても、支配的な夫との結婚生活を続けようとしていた。夫は結婚生活を通じて妻に経済的に依存していることや、出自が低いことを感じさせた。彼女は、大抵は夫が責めながら教え諭すことに黙って耐えた。時には双方から離婚の問題が提案されたが、夫が妻を支配するのを止めるという可能性が、支配的な夫に何度もそのことを思い止どまらせた。

彼女は優しい愛情に満ちた両親の一人っ子だった。親は娘に何か非難することを見つけることはなかった。子どもの頃から他の子どもと関わらなかったが、親は、遊びや他の何かに夢中になっていることを問題には思わなかった。他の人と友好的に関わっているので非難しなかったのである。しかし結婚生活においても一人でいる時間、読書の時間、彼女のいう余暇を夫によっても社会によってもあまりに短くされないように努めた。他方、夫は妻よりも自分の優越性を証明する機会をもっと持ちたいと思ったであろう。彼女はまた家事の義務を果たすことにひどく熱心だった。ただし、夫が頼んだことをすることは、驚くほど頻繁に忘れた。

彼女の早期回想から、いつも一人で義務を果たせる時に大きな喜びを感じるということが明らかになった。

個人心理学に通じた人であれば、一瞥して彼女のライフスタイルが、彼女だけで満たすことができる行為には適していることが、しかし愛と結婚のような二人でする課題には向いていないことがわかるだろう。彼女の夫は、その特性のゆえに、彼女にこの能力を教えることには適していなかった。彼女の完全の目標は、一人でする仕事に向いていた。そのような仕事では、彼女は責められることなくふるまった。この面だけに目を向けた人は、おそらく彼女に何の落ち度も見出すことはできなかったであろう。しかし愛と結婚には準備されていなかった。そこでは彼女は一緒に何かをすることができなかったのである。詳細を一つだけ取り出さなければならない。そのことから彼女のセックスのあり方を推測することができる。即ち、不感症である。今やわれわれは、またもや正当に症状を一時脇に置いた症状の観察に進むことになる。実際のところ、たしかにわれわれは既に症状の意味を理解しているのである。彼女が忘れるのは、彼女の完全の目標の外にある、準備ができていない協力を強いられることへの、穏やかではあるが、攻撃的な抗議の形である。

　誰もがこのような短い叙述から個人の複雑な芸術作品を認識し理解することができるわけではないかもしれない。しかしフロイトと彼の弟子たち（彼らは皆精神分析を受けなければならない）が個人心理学から引き出そうとした、患者は、われわれの叙述に従えば「ただ」注目を引き、より多くの関心を得るかのようであるという理論は疑わしい以上のものであり、自ずと判断される。

　ついでながら、ケースが容易あるいは困難であると理解されるべきかという問いがしばしば出される。このことを決めるのは、患者の共同体感覚の大きさに全面的に依存する、とわれわれは理解している。先のケースでは、この女性の誤り、即ち協力と共生に十分準備ができていないことを矯正するのはたやすい、と理解できる。彼女はいわばこの忘れっぽさから最も重要な根本原理をないがしろにしていただけだからである。彼女はこのことを納得し、友好的な会話を交わして医師と協力し、同時に医師が彼女の夫を教育することで、魔女のサークル（キュンケルはそれを戯れに悪魔のサークル、フロイトは魔法のサークルと名づけている）から解放した時、彼女の忘れっぽさも消えた。彼女からそうすることの動機が奪われたからである。

　われわれはどの回想も、体験が人に影響を与える時、即座に拒絶されない限りにおいて、ライフスタイル、即ち自我によって印象が加工されたことの結果であることを今や理解できる。このことは、しっかりと保持された回想だけでなく、不完全で思い出すのが困難な回想にも、また言葉で表現できず、感情の調子、あるいは心の状態としてしか確かめることができない回想にも妥当する。

そこでわれわれは比較的重要な洞察に到達する。観察者は、完全の目標への方向に向かうどんな精神の運動も、思考に関わり、感情的で、態度決定に関わる領域を回想の中ではっきりさせることで理解できるようになるということである。

既にわれわれが知っているように、自我は言葉だけではなく、感情や心の状態において表現されており、自我の統一の科学は、たしかに臓器言語の発見を個人心理学に負っている。われわれは外界との接触を、われわれの身体と精神の全力をあげて保っている。ケースにおいてわれわれに関心があるのは、この接触が保たれている方法、とりわけその不完全な方法である。このようにして、私は個人の回想を、それがどんなふうに現れても、ライフスタイルの重要な部分として見出し、利用するということを魅力的で価値ある仕事と見なした。その際、私が最も古い回想と見なされる回想に関心があるのは、それが実際のものであれ空想されたものであれ、また正しいものであれ修正されたものであれ、最も早い子ども時代における創造的なライフスタイルの構築が関わる出来事を照らし出し、そしておそらくは、かなりの程度までライフスタイルがこれらの出来事を加工したであろう、と推測するからである。ここでわれわれは内容的なことを引き合いに出す必要はない。内容的なものは、誰にとってもただ内容として理解されるからである。むしろそれのありそうな感情の調子とそれに伴う心の態度及びその基礎となる材料の加工と選択をはからなければならない。後者はわれわれは個人の主たる関心をそこに発見することができるからであり、ライフスタイルの本質的な構成要素だからである。

ここで個人心理学の主たる関心が、われわれにかなり役に立つ。即ち、この人はどこに向かっているのか、この人は自分自身と人生についてどんな考えを持っているのかという問いである。おそらくこのことを考察する際、個人心理学の完全性の目標、劣等感についての根本的な見方が、われわれを導くことになる。残念ながらフロイトが認めているように、劣等感については理解されないままに、「それについての」知識が既に世界中に広まっている。また劣等コンプレックス、優越コンプレックスの考えもわれわれを導く。しかしこれらの緊密に結びつけられた見方はすべて、われわれが目の前にいる人の個人的な運動の法則をそこで確かめなければならない観点に光を当てることに役立っているだけである。

このような仕事をする時、個々の表現形式は多義的なので、われわれは回想とそれのライフスタイルとの結びつき、解釈を容易に間違いうるのではないかどうかという問題が、われわれを懐疑的にする。無論、個人心理学を正しい芸術性を持って追求する人は、ニュアンスに関して誤ることはない。しかし、そのような人でも、あらゆる種類の誤りを排除しようと試みるだろうし、このことは十分可能である。個人の回想にその人の実際の運動の法則を見つけたら、似たような運動の法則を他の全ての表現様式においても見出さなければならない。あらゆる種類の失敗の治療に関する限り、ついには患者も証明が正しいことを確信することになるまで、このことの証明を数多く示すことができるのでなければならないだろう。医師自身もその特性に応じて遅かれ早かれ確信するだろう。しかし十分な正しい共同体感覚の程度以外に、誤り、症状、そして人間の誤った生き方をはかれる基準は存在しない。

今やわれわれは当然十分に注意し十分な経験があれば、生き方の誤った方向、共同体感覚の欠如、あるいはその存在も、大抵早期回想から見出すことができる。ここではとりわけ共同体感覚の欠如とその原因及び結末について、状況が「われわれ」あるいは「私」という言葉で叙述される時に、多くのことが明らかになる。母親に言及されることからも多くのことがわかる。危険や事故の回想、また懲らしめや罰の回想は、人生の敵対的な面に過剰に注目する傾向を示している。きょうだいが生まれたことの回想は、王座転落の状況を示し、保育園や学校に初めて行った時の回想は、新しい状況が強い印象を残していることを示している。病気や死の回想は、しばしばそれについての恐怖に結びついており、時に医師や看護師として、あるいはそれに類した仕方で、この危険によりよく備えて対処する試みと結びついている。母親と田舎に滞在するという回想や母親、父親、祖父母のような特定の人に友好的な雰囲気で言及することは、このような甘やかす人たちが好きであるということだけではなく、他者を排除しているということを示している。悪事、盗み、性的な行為の回想は、通常、それらをその後の体験から除外する努力が行われていることを示している。時には、回想の中に視覚的、聴覚的、動的な傾向を見ることができる。これらは学校での失敗、職業選択の失敗を発見することに役立ち、人生の準備によりよく適する職業を示唆する機会を与える。

　いくつかの例が、早期回想の持続するライフスタイルとの連関を示すのに役立つかもしれない。

　三十二歳の男性。彼は第一子で寡婦の甘やかされた子どもであるが、どんな仕事にも適していないことが明らかになった。〔仕事を始めると〕すぐに不安発作におそわれたからである。しかし家に帰るとすぐによくなるのである。彼は人はいいが、人と交わるのが難しかった。学校ではいつも試験の前にひどく緊張し、しばしば疲れたことを理由に、学校を休んだ。母親は非常に愛情に満ちた仕方で彼の世話をした。

　彼はこの母親による心配にしか、しかるべく準備されていなかったので、可能な限りすべての人生の課題を回避し、どの失敗も回避することが彼の優越性の目標であることを推測することは容易であった。母親のもとにいれば、このような危険はなかったわけである。彼が母親の庇護を受けるという方法にとどまったことは、幼児的な人であるという印象を与えた。もっとも身体の面で幼児的であるというわけではなかった。母親の方へと退却するというこの方法は、子ども時代から試されたので、彼が好意を寄せた初めての少女が彼を拒んだ時、大いに強化されることになった。この「外因的な」出来事の結果、彼が経験したショックは、彼の退却を強化した。そこで母親のもと以外のどこでも、もはや安息を見出すことはなかった。彼の早期回想は次のようなものであった。

「四歳頃のこと、私は窓辺にすわっていました。その時、母は靴下を編んでいて、私は、職人が通りの向かい側で家を建てているのを見ていました」

　このような回想はまったく重要でないという人もあるだろう。決してそんなことはない。彼の最初の――実際に最も古いものであるかどうかは問題にならない――回想の選択は、その際何らかの関心がその回想を選ばせたに違いないということを示している。記憶の働きはライフスタイルによって導かれているので、彼の〔現在の〕特性を強く明らかにする出来事を選び出しているのである。この早期回想が、用事をする母親のもとでの状況であるということは、彼が甘やかされた子どもであることを示している。しかし、さらに重要なことも明らかにしている。彼が他の人が働いている様子を眺めているということである。彼の人生への態度は傍観者の態度である。ほとんどそれ以外の何ものでもない。その立場を超えて、自分の力を試してみても、深淵の前に立っているように感じ、ショックの作用――価値がないことがあらわになる恐れ――で退却し始める。母親と共に家にいれば、彼は他の人が働く様を眺めている。それでも自分に欠けるものは何もない、と思えるのである。彼の運動の線は彼の唯一の優越性の目標として母親を支配することを目指しているのである。

　残念ながら人生の傍観者には見込みはほとんどない。それにもかかわらず、このような患者は、治癒した後、見ることや観察することを活用できる仕事を探し求めるだろう。われわれは患者よりもよく理解しているので、どんな仕事に就くこともできるが、よりよく準備ができているものを利用しようとするのであれば、観察することが主として必要とされる仕事を探すように、と理解させるために積極的に介入しなければならない。彼は美術品のディーラーになって成功を収めた。

フロイトは的を外す

フロイトは、甘やかされた子どもたちの失敗を、常に知らずしてゆがんだ名称で叙述しているが、その際、その秘密に到達していない。甘やかされた子どもたちは、すべてを所有したいと思う。そしてやっとのことで進化によって確固なものにされた正常な機能を実行する。そして母親を「エディプス・コンプレックスにおいて」切望する（これは誇張されているとはいえ、稀なケースにおいては理解できる。甘やかされた子どもは、他のすべての人を排除するからである）。その甘やかされた子どもは、後にあらゆる種類の困難に出会い（困難であるのは、エディプス・コンプレックスの抑圧のためではなく、他の状況を前にしてのショック作用によってである）我を忘れるので、自分の欲求の前に立ちはだかる人を殺したいとまで思う。はっきりと見て取れるように、この失敗した甘やかす教育の芸術作品は、甘やかしの結果が認められ考慮に入れられる時、精神生活を理解するために用いることができるだけである。

　しかしセックスは二人の課題である。十分な程度の共同体感覚がある時にだけ正しく行うことができるのだが、甘やかされた子どもには、この共同体感覚が欠けている。フロイトは、極端な一般化をして、人為的に養われた、欲求、空想、疲れ、さらに共同体感覚の残滓によるそれらへの抵抗を、生まれつきのサディスティックな欲求に帰することを強いられている。しかし、これらの欲求は、われわれが見るところでは、甘やかしの結果として、後になって初めて子どもに人為的に育成されるものである。新生児の最初の行為、即ち、母親の胸で乳を飲むことは協力であって、フロイトがあらかじめ抱いた理論に有利になるように信じたカニバリズム、生まれつきのサディスティックな欲求の証拠ではないということ、そしてこの行為は、子どもにとってだけではなく、母親にとっても好ましいということを、ここで容易に理解することができる。人間の生の形が多様であることは、フロイトの曖昧な理解の中では消えてしまう。

症例

さらに例をあげれば、子どもの早期回想についてのわれわれの理解が有用であることが、明らかになるだろう。十八歳の少女が、いつも両親と口喧嘩をしていた。学校の成績は非常によかったので、勉強を続けさせようとしたが、彼女はそのことを拒んだ。失敗することを恐れたからであることが明らかになったが、これは彼女が最初の学校の試験で一番を取れなかったからである。

最初の回想は次のようなものだった。四歳の時に子どものパーティで大きな子ども用のボールを他の子どもが手にしているのを見た。甘やかされた子どもだったので自分でもこのようなボールを手に入れることに全てを賭けた。父親がボールを見つけるために街中を奔走したが、見つけることはできなかった。少女は〔代わりに与えられた〕小さなボールを叫んで泣いて拒んだ。父親があらゆる努力をしたが無駄だったと説明して初めて少女は落ち着き、小さなボールを受け取った。

私はこの回想から、この少女は友好的に説明すれば受け入れることができる、と結論づけることができた。彼女は私が説明すると、野心のある利己心を持っていることを納得した。そこで治療は成功した。

次のケースは、運命の道がしばしばどれほどはっきりとしないかを示している。

四十二歳の男性が長年の結婚生活の後、十歳年上の妻との関係で不能になった。二年来、妻とも二人の子どもとも、ほとんど言葉を交わさなかった。以前は仕事でそれなりに成功を収めていたが、このことがあってからは、仕事をないがしろにし、家族を苦境に陥れた。

彼は母親のお気に入りで、非常に甘やかされた。三歳の時に妹が生まれた。その後——妹の誕生が彼の最も古い回想である——すぐにおねしょが始まった。甘やかされた子どもによく見られるように、子どもの時に恐い夢を見た。

おねしょと不安が、王座転落をなかったことにしようとする試みから発したものであることは疑いない。その際、おねしょは非難の表現であり、おそらくそれ以上に母親に対する復讐行為であることを見逃してはならない。学校では抜群に優れた生徒だった。一度だけ吃音のことで彼を侮辱した他の子どもを殴ったことを覚えている。教師はどうしてこんなにいい子がかっとなったのか、と驚きを隠さなかった。

彼が自分だけが注目されることに訓練されていて、優越性の目標を他の人よりもひいきにされるということに見たことは理解できる。自分がひいきされなかったら、責めることや、非難や復讐でもある手段に訴えた。ただしなぜそんなことをするかは、彼自身にも他の人にもわからなかった。彼の利己的な完全の目標の大部分は、他の人に悪い子どもと思われないということだった。彼自身が強調したように、年上の女性と結婚したのは、彼女が彼の母親として接したからである。今や妻は五十歳を超え、いよいよ子どもの世話に没頭するようになったので、妻と子どもたちとの結びつきを一見攻撃的ではない仕方で断った。彼の不能はこの関係の断絶と関係がある。

今や、なぜ彼が幼い頃、妹が生まれることで甘やかされなくなると、あまりはっきりとはしない、しかしそれでも効果的な、おねしょによる非難を続けたかが理解できる。

二人兄弟の兄である三十歳の男性が何度も盗みを働いて重い懲役刑に服した。彼の最も古い回想は、弟が生まれた三歳の時のものである。

「母はいつも弟をひいきにした。早くも小さな子どもの時から私は家から逃げ出した。お腹が空いた時には、家の中でも外でもちょっとした盗みをした。母親は恐ろしい仕方で私を罰した。それでも、何度も逃げた。学校では十四歳までは普通の生徒だった。しかしそれ以上勉強したくはなかったので、一人で通りをさまよい歩いた。家は私を台無しにした。友だちは一人もいなかったし、私は願ってはいたのだが、私を愛したであろう少女を見つけられなかった。誰かと知り合いになるためにダンスに行きたかったが、お金を持っていなかった。そこで車を盗み、安い値段で売った。この時から、私の盗みは大掛かりなものになり、ついに捕まった。家ではいつも侮辱されていた。おそらく、もしも家が私にひどいことをしなかったら、他の生き方を選ぶこともできただろう。私が盗んだものは、私がその手先になった人が、受け取り、その人が私に盗むよう促した」

私は、犯罪者は子ども時代のほとんどにかつて甘やかされたか、あるいは甘やかされることを願ったケースを多く見ることができるということに注目してきた。そして同様に重要なことは、既に子ども時代に強い活動性を認めることができるということである。しかしこの活動性を勇気と間違えてはならない。母親が子どもを甘やかすことができたことは、第二子〔への対応〕を見ればわかる。この弟が生まれてからの憤慨した態度から、彼もまた甘やかされたということを結論づけることができる。その後の彼の運命は、憤慨して母親を非難攻撃したことと活動性から発したのである。彼は十分な程度の共同体感覚は持っていなかったので、つまり友人も、仕事も愛も持っていなかったので、その活動性は犯罪以外に使い道がなかった。

　最近ある精神分析家たちがしているように、犯罪は捕まりたいという欲求を伴った自己処罰であるかのような見方ができるということは、そもそも精神的な恥の感情が欠けていることをあらわにしている。とりわけ、公然としたコモンセンスの嘲笑と、われわれに深く根ざした体験への侮辱的な攻撃と結びついた時に、その感情は欠ける。このような考えが、甘やかされた子どもの精神から発したのかどうか、人びとの間にいる甘やかされた子どもの精神にそれがどんな影響を持っているかを決めることを、私は読者に委ねたい。

第十三章　子ども時代における社会的に障害となる状況とその排除

家族関係

子ども時代に誤った道を取るきっかけとなった状況を探す際、われわれは最後にはいつも私が既に以前に最も重要であるといった問題にぶつかる。その問題は共同体感覚の発達を困難にし、それゆえ、非常にしばしばそれを妨げる傾向がある。その問題とは、甘やかし、生まれつきの器官劣等性、無視である。これらの要素の影響は、それらがどこまで及ぶのか、また程度によって異なるだけでなく、さらにいつまで持続するか、それらの効果の始まりと終わりのためだけではなく、とりわけそれらが子どもの中に生じさせるほとんど計算できない興奮と責任によって異なるのである。

　これらの要素に対する子どもの態度は、子どもの試行錯誤に依存するだけではなく、証明されるように、子どもの成長エネルギーと創造力に、より依存する。この創造力は、生のプロセスの一部であり、子どもを抑圧したり促したりするわれわれの文化における展開も、ほとんど計算できず、その結末からのみ判断できるだけである。ここで推測によって先に進むならば、無数の事実に注視しなければならないだろう。即ち、家族の特徴、光、空気、季節、暖かさ、騒がしさ、多かれ少なかれ適切な人との接触、風土、土質、栄養、内分泌系、筋肉、器官の発達のテンポ、胎児の段階、さらにその他、世話をする人による援助と世話などのような多くのことである。混乱した事実は多いが、われわれは、これらの要素を、ある時は有用であったり、ある時は有害であると受け入れる傾向があり、十分に注意し、差異をもたらす結果が生じる可能性を否定することなく、統計的な蓋然性に注意することで満足するだろう。結果を観察する際、変種を受け入れるならば、間違うことは少ない。その時現れる創造力は、身体と精神の小さな、あるいは大きな活動性の中に現れ、十分評価される。

しかし、協力への傾向は生まれた最初の日から呼び起こされることを見逃してはいけない。この点において、母親が大いに重要であることは明らかである。母親は共同体感覚の発達の入り口に立っているのである。人間の共同体感覚の生物学的な遺産は、母親の世話に委ねられている。母親は、入浴のようなちょっとした世話など、無力な子どもが必要とするあらゆることを提供することで、子どもの接触〔の能力〕を強化するか、あるいは阻止する。母親の子どもとの関係、理解、器用さが、決定的な要因である。

この観点においても、人間の進化の高さは調整〔能力〕を創り出すということ、子ども自身は前にある妨害を、叫んだり反抗的な態度を取って接触を強いることで、克服できる。母親の中でも、共同体感覚が打ち勝ちがたい部分である母性愛の生物学的遺産が作用し生きているからである。調整が、逆境、例えば、過度の心配、失望、病気と苦痛、顕著な共同体感覚の欠如とその結果によって、利用されないということはありうる。しかし、母性愛の進化的な遺産は、通常、動物と人間においては非常に強いので、接触本能と性的欲求を容易に克服する。母親との接触は、おそらく人間の共同体感覚の発達にとって、かなり重要な意味があるということが認められるだろう。人類の発達のこの全能の梃子を断念すれば、母親の接触感覚が、進化してもなくならない仮借ない破壊に対して抵抗するだろうことを除いては、補うことができず、中途半端にしか効果がない代償しか見つけられないことに困惑するだろう。おそらくわれわれは、母親の接触感覚に、人間の共同体感覚の最も大きな部分と、それに伴って、人間文化の本質的な存続を負っているのである。

無論、今日、現在の母性愛の影響は、しばしば共同体の必要には十分ではない。遠い先の未来は、この所有物の使用を共同体の理想にずっと多く一致させなければならない。なぜなら、母親と子どもの接触はしばしば、あまりに弱いか、それよりもよくあることだが、あまりに強い。弱い場合は、子どもは人生の最初から、人生が敵対的であるという印象を得、この思わくは、同じような種類の経験をさらにすることで、子どもの人生の基準になる。

私が何度も見てきたように、このような場合、父親とのよりよい接触（ただし祖父母との接触はこの限りではない）があればこの不足を補うのに十分である。一般に子どもが父親と〔母親とよりも〕よい関係を持っていることは、母親の側に失敗があったことを示し、正当なこともそうでもないこともあるが、ほとんどいつも母親に失望した子どもの人生における第二の段階を意味している。

娘がしばしば父親とより強く結びつき、息子が母親と結びつくことを性に関連づけることはできない。むしろ先に確かめたこととの関連で検証できなければならない。その際、二つのことが示される。即ち、父親は少女や女性に対して常にそうであるように、娘に対しても優しくふるまうということ、そして遊びの中で子どもが将来の人生の準備をするように、娘は一般に遊びの中でも異性の親と向き合うことで、この準備をしているということである。その際、私は、時に性的欲動が作用することを、無論、フロイトがいうように誇張した仕方では稀だが、非常に甘やかされた子どもの場合にだけ見てきた。そのような子どもは、発達のすべてを家族の中に限る、あるいはよりよくあることだが、他の人を排除してただ一人の甘やかされる人とだけ結びついていたいと思う。母親にとっての歴史的発展と社会的な観点からの義務は、子どもをできる限り早く、喜んで援助し、子どもの力が及ばないことである限り援助するような協力者、仲間になることである。「節度ある子ども」については何冊も本を書くことができるだろうが、ここでは、子どもは、父親ときょうだいへの関心を増し、やがてはまわりのすべての人へも関心を持って、家庭において自分が対等であると感じるべきであることを指摘すれば十分である。子どもがそのようになれば、早い時期に、もはや重荷ではなくなり、協力者になるだろう。そして、やがてくつろげるようになり、まわりの人と接触することから身につけられる勇気と自信を発達させるだろう。子どもがおねしょ、便秘、摂食障害などの、病的な原因がない、意図的なものであれ、意図されないものであれ、器官の失敗をするという問題は、子ども自身にもまわりの人にとっても解決できる課題になるだろう。ただし、これらのことは、もしも協力への傾向が十分大きければ決して現れない。同じことは、指しゃぶり、爪噛み、鼻をほじくること、がつがつと食べることにも当てはまる。これらの現象のすべては、子どもが自分の役割を果たすこと、文化を受け入れることを拒否する時にだけ現れ、まわりの人を動かし、一生懸命働くことを強いるような甘やかされた子どもにだけ示される。そして共同体感覚が欠けていることとの明瞭な徴候である、公然としたあるいは隠された反抗といつも結びついている。私は長らくこれらの事実に注目してきた。フロイトが今日彼の学説の基礎である汎性欲主義を緩和しようとしている時、この修正はおそらく個人心理学の経験に最も負ってるのである。ずっと若いシャーロッテ・ビューラーの「正常な」反抗の段階についての見解は、われわれの経験に還元されるのが正当である。

子どもの失敗が、反抗、嫉妬、自己愛、共同体感覚の欠如、利己的な野心、復讐心などの性格特性に結びついているということ、それが、ある時ははっきりと現れ、ある時はそうでないことは、先に叙述した構造から帰結する。このことは、性格は優越性の目標への導きの線であり、ライフスタイルを反映し、生まれつきではなく、子どもによって創造された運動法則と同時に完成される社会的な態度決定である、と考えるわれわれの見解を確かなものにする。便秘や指しゃぶり、性器を弄ぶことなどのような、見たところちょっとした喜びは、ある種のくすぐったい感覚を消すために始められるが、そのような喜びに執着することに、どんな欲求も楽しみも拒否することができない甘やかされた子どもたちの特性が示される。

父親の個性も、共同体感覚の発達にとって危険な曲がり角になる。母親は甘やかしや接触〔能力〕が足りない時、また子どもが父親を嫌っているような場合、父親から可能な限り子どもとの接触を確かなものにする機会を奪ってはならない。父親は脅したり、あるいは罰する目的のために選ばれてはならない。子どもには、母親によって背景に追いやられないために、十分な時間と暖かさを与えなければならない。

私はとりわけ有害なことをさらにあげることができる。母親が、過度な甘やかしによって〔子どもを〕自分に取り込もうとし、父親が母親による甘やかしを矯正するために厳格な体制を敷こうとし、そのことで子どもをさらに強く母親に近づける時、また父親が、自分の権威と原則を押しつけようとする時である。後者によって、おそらくは、無理矢理服従させることはできるが、協力と共同体感覚は決して手に入れることはできない。

食事の時間は、われわれの忙しい時代においては、協力を教えるための非常に重要な機会である。その際、楽しい雰囲気は必須である。テーブルマナーを教えることは可能な限りわずかにするべきである。このようにすれば最も容易に成功する。食事の機会には叱責すること、怒りを爆発させること、不機嫌であることは避けるべきである。同様に、本を読んだり、考えこむことも止めさせなければならない。また食事の時は、悪い成績あるいは他の悪い状態について叱責するためには最も不適当である。さらに食事をする時には一緒にいるようにしなければならない。私にはとりわけ朝食の時に一緒にいることが、重要に見える。

子どもたちが、いつも自由に話したり、質問することは重要である。子どもを嘲笑すること、嘲ること、不平をいうこと、他の子どもをよい例としてあげることは〔人との〕結びつきに有害な影響を及ぼし、自分の殻に閉じこもること、物怖じ、また他の強い劣等感を生み出しうる。子どもたちに小さいこと、知識が足りないことを指摘するべきではない。むしろ、子どもたちに、勇気を訓練する道を示すべきであり、何か関心を示せば選ばせるべきであり、すべてを取り上げるようなことがあってはならない。困難なのは常に最初だけであること、危険に対しては過剰な不安を持たず、このような時には先の見通しを適切に持ち、正しく防御すべきであることを示さなければならない。両親の神経症、夫婦間の諍い、教育問題について意見が一致していないことは、共同体感覚の発達を容易に妨げることになる。子どもをあまりに厳格に大人の集まりから排除することは、可能な限り、避けるべきである。賞罰は、成功した、あるいは失敗した行為に対してなされなければならず、子どもの人格に対してなされてはならない。

子どもの病気

子どもの病気も、共同体感覚の発達にとっての障害になりうる。他の困難と同様に、五歳までに病気になると、危険はより大きなものになりうる。われわれは生まれつきの器官劣等性の意味について、それが統計的に悪い方向に導き、共同体感覚の妨げになることを語り、指摘してきた。同じことは早い年齢で現れる病気にも当てはまる。精神ではなく身体の発達を損ない、大なり小なり醜くすることになるくる病がその例になる。幼い子どもが病気になった時、まわりの人が不安になって世話をすることで、自らは他者に貢献しないのに、自分に価値があるという強い印象を子どもが持つことが、共同体感覚を最も損なう。例えば、百日咳、猩紅熱、脳炎、舞踏病である。これらの病気が順調に回復してもその後、子どもが教育困難になるのを見ることができる。後になっても甘やかされることを求めて闘うからである。身体的な障害が残る場合でも、子どもの態度が悪化することを、ただちにこの障害に関連づけず、何もしないでいるのがいい。私は、心臓疾患、腎疾患が誤診であったことがわかっても、誤りが見つかり完全に健康が回復した後も、教育困難が消えないということ、自己愛とそれのあらゆる結末、とりわけ共同体感覚の欠如が同じように続くということを見てきた。不安、世話、涙は、病気の子どもには役に立たず、それどころか、病気の有利な点を見て取らせることになる。子どもの矯正できる障害は、可能な限り速やかに改善され治癒されなければならないということ、いかなる場合も、失敗が、成長と共に「自然消滅する」ことを当てにしてはならないということは自明である。同様に、われわれの手が及ぶ限り、病気を予防することが、子どもを不安にさせ、他の人と結びつくことを妨げることがないように努めなければならない。

性教育

身体的にも精神的にもあまりに多くのことを要求すると子どもの重荷は増し、苦痛を感じたりあるいは過度に疲れることで、人生と接触することに抵抗する態度を容易に取らせることになる。芸術と知識は、子どもの理解程度に応じたものであるべきである。多くの性教育家による啓蒙の熱狂は、同じ理由から止めさせなければならない。子どもには、子どもがたずねるか、あるいはたずねたそうに見える時にだけ、そして情報を消化できると確信できる限りにおいて答えるべきである。しかし、あらゆる場合に男性と女性が対等であるということ、性の役割については教えなければならない。さもなければ、フロイトも今日認めているように、われわれの文化は後進的なので、女性は自分が劣っているかのように考えるようになり、そのことは、少年の場合は、高慢とそれに伴う反共同体的な結果を、少女の場合は、私が一九一二年に述べた「男性的抗議」とそれに伴う同様に有害な結果をもたらし、自分の性を疑うことで、あらゆる不利な結果を引き受け、自分の性役割に十分な準備ができないようにすることになる。

家族布置

ある困難が、家庭の中におけるきょうだいの位置から生じる。子ども時代の初期にきょうだいの中の一人を、ことさらに、あるいは、そのつもりはなくても、ひいきにすることは、しばしば他のきょうだいを不利な立場に置く。他のきょうだいが優先されている時に、他のきょうだいが失敗するということは、非常によくあることである。きょうだいの一人が、大きな活動性を示せば、他のきょうだいは受動的になり、一人の成功が他のきょうだいの失敗のきっかけになりうるのである。初期の失敗が子どもの将来にいかに不利な影響を与えるかを見ることができる。同様に、一人の子どもをひいきにすることを避けることが容易でないことは、子どもの中にある劣等感が、それに伴う劣等コンプレックスのあらゆる可能な形を引き起こすことになり、他の子どもにとっての害悪となりうる。またきょうだいの一人が背が高いこと、器量がよいこと、力があることが、他のきょうだいに影を投げかける。その際、私が明らかにしたきょうだい順位における位置から示される事実を見逃してはいけない。

とりわけ、どの子どもの状況も家族の中で同じであるという迷信を断念しなければならない。われわれは既に、全ての子どもが、同じ環境で、同じ教育を受けても、環境と教育の影響を子どもの創造力に適合する形で使うことを知っている。われわれは、それぞれの子どもの環境が、どれほど異なっているかを見ることになるだろう。〔同じ家族の〕子どもたちでも、同じ遺伝子や表現型の制約も示さないということは、同様に証明されているように見える。一卵性の双生児ですら、同じ身体的で精神的な素質を持っているかは、ますます疑問にされてきている。

個人心理学は以前から生まれつきの身体的な素質にもとづいてきたが、「精神的な素質」は、精神的な原型が形成されることで、最初の三歳から五歳までに現れるということを確かめた。この原型は、持続する個人の運動法則を自らのうちに持ち、ライフスタイルを、遺伝と環境の作用を構成要素として利用する子どもの創造力に負っている。個々のケースにおいては様々であっても、私はきょうだいの違いをこのように考えることによってだけ、大体において典型的なものとして叙述することができた。私は、私の課題は、どの子どものライフスタイルにもきょうだい順位における立場が表現されていることを示すことで解決した、と考えている。この事実は、性格形成の問題に鋭い光を投げかけている。ある性格特性が、きょうだい順位における子どもの位置と一致しているということが正しいのであれば、性格の遺伝を強調したり、その起源を肛門部やその他の部位に求める議論には、それを支持する根拠はほとんどなくなるのである。

単独子

さらに子どもが、そのきょうだい順位における位置によって、ある特性に達することはよく理解できる。単独子の困難は、多かれ少なかれよく知られている。単独子は、大抵は親が絶え間なく心配して過剰に注意を払う大人の下で育つので、すぐに自分が注目の中心にあると見なし、そのようにふるまうことになる。

両親のうちの一人が病気や虚弱であることは、第一子の状況をしばしば困難にする。両親の不和と離婚は、さらに頻繁に子どもの共同体感覚を損なう雰囲気を創り出す。

私が示したように、母親が子どもをさらに生むことへの神経症的な抗議が見られるが、大抵子どもの過剰な世話と子どもを完全に隷属させることに結びついている。このような子どもの後の人生では、子どもによって様々だが、秘かな抵抗としての屈服から独裁の過剰な欲求までの段階が見られる。これらは外因的な問題と接触する際、出血してはっきりと外に現れ始める痛みのある場所である。

家族以外の人と結びつくことを妨げる家族への強い縛りは、多くの場合、有害なものになる。

第一子

子どもが一人以上いる場合は、第一子は他の子どもが体験しない特別の状況にあることがわかる。第一子は、しばらくの間は、単独子と同じような印象を受け取る。〔しかし〕時期は異なっても、後には必ず王座から転落する。私が選んだこの比喩的な表現は、状況の交代を非常に正確に表現するので、後の研究者、例えばフロイトも、このようなケースを正しく評価する時に、この表現を放棄することはできない。王座転落までに経過する時間は、その印象と影響にとって重要である。二年、あるいは三年が経っていれば、王座転落の出来事は、既に確立されたライフスタイルの中で起こることであり、それに応じた仕方で反応することになる。一般に甘やかされた子どもは、母親の胸から離される時のように、この変化にうまく耐えることができない。しかし私は、一年の間隔さえ王座転落の跡を生涯にわたってはっきりしたものにするのに十分である、と断言する。

その際、第一子にとって既に獲得された人生の空間と、第二子によってその空間が制限されることを考慮に入れなければならない。この状況をより仔細に知るためには、多くの要因を引き合いに出さなければならないことは、明らかである。とりわけ時間の間隔が長くなければ、出来事の全体は「言葉なしに」概念を交えずに行われるということも考えなければならない。そうなれば、後の体験によって矯正されることなく、ただ全体の連関についての個人心理学の知識によってしか矯正されないのである。

このような言葉のない印象は、子ども時代の初めには多くあるが、そのような経験にぶつかった時に、フロイトとユングは違った仕方で解釈したであろう。即ち、彼らはそれを体験ではなく、それぞれの解釈では、無意識の欲動、あるいは先祖返りの社会的無意識とその結果と見なしたのである。しかし時折見られる憎しみの感情、あるいは死の欲求は、われわれにはよく知られている、共同体感覚の正しくない教育による人為的な産物であり、甘やかされた子どもにおいてだけ見られ、しばしば第二子に向けられる。第二子に、しばしばこれに似た感情と不機嫌が、後から生まれる子どもたちに、とりわけ彼〔女〕らが甘やかされた場合に見られる。しかし第一子は、より強く甘やかされれば、その特別の立場のゆえに他の子どもたちより有利であり、概して王座転落を強く感じる。

しかし後から生まれてくる子どもたちにも似たようなことが見られる。彼〔女〕らは劣等コンプレックスを持つようになるのである。このことは第一子の失敗の原因とされる誕生の際の何か強いトラウマは作り事にすぎないということの十分な証拠であり、個人心理学の体験を知らない人が考える漠然とした仮定でしかない。

第一子の王座転落に対する抗議が、何とかして既成の権力を正当なものとして認めたり、その側に与したりするという傾向にしばしば表されることは、容易に理解できる。この傾向は、時に第一子にはっきりと「保守的な性格」を与える。これは何か政治的な意味ではなく、事実として認められるということである。私はこれに相当する例をテオドール・フォンターネの伝記に見出した。細かいことにこだわろうとはしない人は、ロベスピエールは、革命において抜きんでた役割を果したが、その個性に独裁的な傾向を認めるだろう。

しかし個人心理学は固定した規則に反対する立場にあるけれども、何番目に生まれたかではなく、状況が決定的であるということを見逃してはならない。そこで子どもの順位の後になっても、後に続く子どもがより注目され、そのことに反応すれば、第一子の精神的な肖像が現れうる。時折は第二子が第一子の役割を演じる状況も見逃してはならない。第一子が精神発達遅滞であるような場合である。このことの好例はポール・ヘイズの個性に見ることができる。彼は兄に対してほとんど父親のように関わり、学校ではまさに教師の右腕になった。しかしどの場合にも、第一子の特別のライフスタイルを探し、第二子が後ろから間近に迫っていることを忘れなければ、調査方法が用意されているのを見るだろう。第一子が時に第二子を父親や母親のように扱うことで、この状況からの逃げ道を見出すということは、支配欲求の変種にすぎない。

第一子には特別の困難が非常にしばしば起こるように見える。あまり年の差がない妹に追われる立場にある場合、そのような第一子の共同体感覚は、しばしば大きく損なわれることになる。とりわけ少女は、最初の十七年は本性的に身体的にも精神的にも成長するので、ペースメーカーが後ろから迫ってくるからである。また第一子の男子は、順位においてだけではなく、男性的な役割の間違った主導権を取ろうとするが、少女は他方、しばしば今日でもなお存在する文化的な逆境において、強い劣等感を持って追撃し、その際、しばしば強いエネルギーを与える訓練に大きな熱意を示すからである。このことは他の少女においても「男性的抗議」の序幕である。これは少女の発達においてよい結果も悪い結果ももたらしうる。これらすべてはすぐれたものもあれば、愛を拒否したり同性愛のような誤った男性的な種類まで幅広い。フロイトは、後にこの個人心理学の知識を使って、それを「去勢コンプレックス」という名前で性的な図式の中に押し込めた。その際、男性器の欠如が、個人心理学がその構造を見つけた劣等感を生みだす、と主張した。しかし最近フロイトは、この問題の対人関係的な面にも少し関心を持っていることをわずかにほのめかせた。第一子がほとんど常に家族と保守的な伝統の担い手と見なされたということは、またもや推測の能力は体験を前提にしていることを示している。

第二子

第二子がしばしば自ら創り出した運動法則を展開する際に与える印象についていえば、他のきょうだいが、絶え間なく前を走っているということ、彼〔女〕らは、成長が進んでいるだけではなく、大抵、優位であることに固執することで、対等であろうと第二子がすることに異を唱えるのである。このような印象は、年の差が大きいと消えるが、わずかであればそれだけ強くなる。第二子は、第一子に打ち勝ちがたいと思えば、抑圧的になる。第二子が、第一子の劣等感によるのであろうと、あまり愛されていないことによるのであろうと、最初から勝利を収めていれば、その印象はほとんどすぐに消える。

しかし大抵どのケースにおいても、いつも第二子が激しく前へ進もうとしているのが見られる。これは彼〔女〕らの激しいエネルギーや激しい気性に、また共同体感覚の面における失敗にも現れる。次のことを見なければならない。第一子も、もっぱら時折参加する競争の中にあると思っているか、あるいはいつも全速力で走っていると感じているか調べなければならないということである。性が違えば競争は激しくなるが、時にはその際共同体感覚が本質的に損なわれることはない。

子どもの一人が器量がよいことも重要である。端から見ている人には、子どもの一人を甘やかすことは、親の注目の違いはあまり目立ったものであるとは思えないかもしれないが、甘やかされない子どもにとっては、その違いは、明白なのである。一人が失敗を宣告されたら、他のきょうだいは、しばしばよい状態にあることが見られる。しかし時には学校や思春期に入る時には、必ずしもこのようになるわけではない。二人の子どものうちの一人が優れていると認められれば、もう一方は容易に失敗することになる。

同じことをするので似ているとされる一卵性の双生児の場合でさえ、一方がしばしば他方の引き綱であることを見逃してはならない。

悪いことであれ善いことであれ、第二子の場合も、もともとの明らかな、進化によって強固なものにされ理解に先行する推測の能力に驚くことがある。聖書には、この事実について理解されていたとは仮定できないが、エサウとヤコブの話の中に、天をも驚かす第二子の事実がとりわけ見事に明らかにされている。即ち、ヤコブの第一子への憧れ、彼の天使との格闘（「私を祝福しなければ、私はあなたを去らせない」『創世記』三十七章三十二節）、天に達する梯の夢は、第二子の競争をはっきりと示している。私のこの叙述を理解したり認める気になれない人であっても、ともかくヤコブが生涯にわたって第一子を軽視していることを繰り返し見つければ、心を動かされるだろう。ラバンの第二子の娘への執拗な求婚、自分の第一子にほとんど希望を持たないこと、右手で十字を組んでより大きな希望を第二子の息子であるヨセフに与えたことにも同じことを見ることができる。

　ある家庭の二人の娘のうちの姉が、三歳になって妹が生まれてから乱暴で反抗的な子どもになった。第二子の娘は従順であることが自分にとって有利である、と「推測」した。そしてそうすることで非常に愛されるようになった。妹が愛されれば愛されるほど、姉は荒れ狂った。この激しい反抗的な態度は、かなり年がいってからも続いた。

　妹はあらゆることにおいて優れていることに慣れていたので、学校で勉強が遅れた時ショックを受けた。学校、そして後に直面した三つの人生の課題には、彼女の野心にとって危険な点から退却することを彼女に強いた。同時に絶え間なく失敗を恐れたので私が「ためらう動き」と名づけた形で劣等コンプレックスを深めることを強いた。

　何度も見る、鉄道の駅に遅れる夢は、ライフスタイルが夢の中でも機会を逃がす訓練をさせていることを示している。

　しかし誰も劣等感には安息を見出すことはできない。すべての生物の進化に定められた完全という理想の目標を、様々な形で追求する努力は決して休むことはなく、上へ向かう道が、共同体感覚への方向にも、これに反対する方向性にも様々な形で見出される。われわれの第二子は、いくつか探る試みをした後、洗浄強迫という形が〔劣等感の表明として〕有用であると見た。そこで、絶え間なく自分の身体、服、道具を洗わずにはいられなくなった。この強迫は、とりわけ誰か他の人が彼女に近づいた時にひどくなり、課題を成就する道を遮断した。また課題を達成するのに必要な時間をつぶすのに役立った。時間は神経症者にとって大きな敵なのである。

このようにして彼女は自分では理解しないままに、以前彼女を注目させた文化的な働きを過剰に実現することによって、他の誰よりも優っている、と推測した。彼女だけが清潔で、他の人、他のものはすべて不潔であるというわけである。

彼女が共同体感覚を欠いているということ、一見したところ、非常に性質のいい子どもには、ひどく甘やかす母親がいないことについては、もはや私はここで語る必要はない。彼女の治療は、共同体感覚を強化することによってのみ可能であるということも語る必要はない。

末子

家族の末子については多くのことを語らなければならない。末子も他のきょうだいと比べ根本的に異なった状況の中にいる。第一子がしばらくの間そうであったように、一人だったことが一度もないのである。しかし他のきょうだいのように後に続くきょうだいもいない。さらに第二子のように、前にいる人は、たった一人ではなく、しばしばたくさんいる。末子は大抵は年のいった親に甘やかされ、常に一番小さい者と見なされ、いうことを真面目に受け取られず、最も小さくて弱い者と見なされるという居心地の悪い状況にいる。〔しかし〕概して末子の立場は不利というわけではない。前にいるきょうだいよりも優れていようとする努力によって、日々刺激されている。

末子の立場は、多くの点で第二子の立場に似ている。それはたまたま似たようなライバルが現れれば、他のきょうだい順位の子どもでも達しうるような状況である。末子の強さは、全てのきょうだいに共同体感覚の様々の程度において優ろうとすることに見ることができる。〔他方〕弱さは、優越性をめぐる直接の闘いを回避するということに見られる。これは通常、過度に甘やかされた時に見られることである。また別の次元、別の生き方、別の仕事において目標を達成しようとするという点に、しばしば現れる。

経験のある個人心理学者の目で精神生活の働きを見れば、このことがいかにしばしば末子の運命であるかを見て驚くことになる。もしも家族がビジネスマンから成っていれば、末子は例えば詩人や音楽家になる。きょうだいが知識人であれば、末子はしばしば職人や商人になる。その際われわれの非常に不完全な文化においては、女性の可能性が制限されていることも考慮されなければならない。

末子の性格学に関しては、私が聖書に出てくるヨセフを参照したことが、一般の注意を引いた。私も他の人と同じく、ベニヤミンがヤコブの末子だったことを知っている。しかし彼はヨセフの後十七年後に生まれたのであり、ヨセフは長い間彼のことを知らなかったし、ヨセフの発達に影響を与えなかった。次のような事実がよく知られている。ヨセフは将来自分が偉大になるという夢を見て、重労働をする兄弟たちのところへ行って、彼らと世界を支配するという夢、神に似ているという夢を見たといって彼らを怒らせた。またヨセフは他のきょうだいよりも父親に愛された。しかし彼は家族と彼の一族の支え、さらにそれを超えて文化の救済者になった。彼の行為と働きのうちに、彼の共同体感覚の大きさが示されている。

民族の心の直観は、このような例を数多く作り出した。他にも多くのことが聖書に見出される。ザウルやダビデがその例である。末子が登場するあらゆる時代や民族の物語において、末子は常に勝利者である。また現代の社会を見回せば、末子が人類の偉人の間でしばしば卓越した地位を得てきていることがわかる。〔他方〕彼〔女〕らは顕著に失敗する者でもある。自分を甘やかす人に依存したり、軽視されたからである。このような立場に置かれることで、誤って社会的な劣等性を身につけたのである。

さらなる研究の領域

子どもの探求のこの領域――きょうだい順位における子どもの立場――は決して十分論じ尽くされていない。それは圧倒的な明瞭さで、子どもがいかに自分の状況とそれについての印象を人生目標、運動法則、そしてそれと共に性格特徴を創造的に築くために利用したかを示している。分別のある人には、生まれつきの性格特徴を仮定する余地はほとんどないことが明らかになったことであろう。他のきょうだい順位の位置についてはこれまで論じたこと以上にもはや私はほとんど語ることはない。ロンドンのクライトン・ミラーは、二人の娘の後に生まれてくる三番目の娘が強い男性的抗議を示すことを私に注目させた。私は、多くのケースで、彼の発見が正しいことを確信することができた。そして私はこのようなことが起こることを、このような少女が、両親の失望を推測して感じ取り、多くの場合〔実際に〕体験もし、女性の役割に不満であることを何らかの仕方で表現するからであると考えた。この三番目の娘に強い支配的な態度を見出しても驚くべきではない。これはシャーロッテ・ビューラーが「自然の反抗段階」として見出したとすることである。しかしそれは個人心理学の説明では、人為的所産、実際に、あるいはまちがって思い込まれた、軽視されていることへの持続する抗議と思えばよりよく理解できる。

男の子の中のただ一人の女の子、あるいは女の子の中のただ一人の男の子の発達については私の探求は完結していない。これまでの私の発見にしたがって、どちらのケースの子どもも、極端に、即ち、より男性的あるいは女性的な方に向かうことを期待できる。女性的な方向に進むのは、そうすることが子ども時代に成功すると感じられたからであり、男性的な方向に進むのは、男性性が求めるに値すると見えるからである。最初のケースでは極端なまでの弱さと依存欲求が見られる。これにはあらゆる適切な、そして不適切な態度を伴っている。第二のケースでは、公然とした支配欲、反抗が見られるが、しかし時には勇気と尊敬すべき追求努力を見ることもできる。

第十四章　白昼夢と夜の夢

ライフスタイルにおける空想の役割

この問題について考察する時、空想の領域に入ることになる。この働きも進化の過程において創造されたものだが、精神生活の全体とそれと外界の要求との結びつきから切り離したり、あるいはまったくそれを全体、自我と対峙させるのは大きな誤りであろう。空想は、むしろ個人のライフスタイルの部分であり、同時にそれを特徴づけ、精神の運動と見られた時、個人の運動法則をそれ自体の中に持っている限りにおいて、他の精神生活のすべてに関わる。それに与えられた役割は、一定の状況において、思考上で自らを表現することであり、他方、さもなければ感覚と感情の領域の中に隠れるか、あるいは個人の態度決定の中に埋め込まれているのである。

空想は、他のどの精神の運動と同様、未来に向けられている。それもまた流れの中で完成の目標へと動いているからである。この観点からすると、空想の運動や、あるいはそれから派生したものである昼と夜の夢に欲求の充足を見ること、さらにはそのことによって空想のメカニズムを理解するために何か貢献したと信じることが、いかに無意味か大いに明らかになるだろう。どんな表現様式も下から上への、マイナスの状況からプラスの状況へと動くので、どの精神の表現運動も欲求の充足と見なすことができるからである。

　空想はコモンセンスよりも推測の能力を使う。ただしその際「正しく」推測されたとはいわれない。そのメカニズムは、しばらくの間――精神病においては持続して――コモンセンス、即ち、人間の共生の論理や、現在ある共同体感覚から距離を取り、共同体のためになるように次の一歩を踏み出すことに満足しないことである。これは現存する共同体感覚が、何一つ特別の力を持っていない時に、より容易に成功する。しかし〔共同体感覚が〕十分強ければ、空想を共同体を豊かにするという目標へと導く。

　しかし無数の多様性をもって徐々になされる精神運動の進行は、人為的に、思考、感情、態度決定の準備へと解消される。われわれは常に「正しい」「正常な」「価値のある」態度決定を、偉大な業績におけるように、それらが公共に役立つ時にだけそのようなものとして認めるだろう。この判断を他の方向で解釈することは、論理的には排除される。〔しかし〕そのことは、より高い洞察の立場が普遍性の幸福に達するまでは、しばしば現在のコモンセンスの立場がこのような行為を拒否することを妨げない。

創造性

　前にあるどんな問題の解決探求も、空想を働かせ始める。われわれは、解決を求める時、未来の知られていないものと関わらなければならない。われわれが子ども時代にライフスタイルを創造させると認めた創造力は、その後も働いているのである。

　条件反射も無数の形でライフスタイルの形成に作用するが、さらに構成要素としてだけ用いられる。

それは完全に新しいものを創るために絶え間なく用いられるが、自動的には作用しない。しかし今や創造力は自ら創造する道の上を進んで行く。空想の導きもライフスタイルに任されている。人が空想を働かせる時に、ライフスタイルとの連関を認めていようと、あるいはそれに全く無知のまま向かい合っていようと、空想にライフスタイルの表現を見ることができる。そしてこの〔空想の〕働きを、精神の働きを見るための入り口の門として利用することができる。

　しかし正しい行動においては常に自我、全体とぶつかるだろう。他方、正しくない解釈においては、例えば意識と無意識という対立が存在するように見える。この正しくない解釈の代表者であるフロイトは、今日自我における無意識を語る時、より正しい理解に近づいている。この無意識は当然自我に全く異なった様相を与える。即ち、個人心理学が最初に見て取った様相である。

　どんな偉大な思想も、芸術作品もそれが成立するためには、〔その起源を〕人類の倦むことのない常に新しく創造する精神に負っている。おそらく大抵の人は、この新しい創造に少ししか貢献していない。〔しかし〕少なくともそれを受け入れ保持して使うことはできる。ここでは「条件反射」が大部分その役割を果たしているかもしれない。〔しかし〕創造する芸術家においては、条件反射は空想において以前あったものにまさるための構成要素でしかない。

　芸術家も天才も人類の導き手であることは疑いない。そして子ども時代につけた自分の光の中で燃えながらこの大胆さに対して犠牲を払っている。「私は苦しんだ。だから私は詩人になった」。われわれがよりよく見えるようになり、色、形、線をよりよく知覚できるようになったのは、画家たちのおかげである。よりよく聴けるようになったこと、それと共に発声器官をより繊細に調整するようになったのは音楽家のおかげである。詩人はわれわれに考えること、話すこと、感じることを教えてきた。

芸術家自身は、大抵子ども時代に激しく刺激されて、あらゆる種類の貧困、視覚、聴覚器官の異常という重圧のもと、大抵は一方的に甘やかされたが、最も早い子ども時代に強い劣等感を振りほどいた。そして激しい野心をもって、あまりに制限された現実と闘い、それを自分のためだけではなく、他者のためにも広げようとした。彼〔女〕らは困難を超えることを求め、苦しむにふさわしい子どもに平均的なレベルを超えさせる進化の旗手だった。

われわれが既に前から、この抑圧するが至福となる苦しみについて示してきたことは、より大きな身体的な感受性、外的な出来事の強い感受性によるのである。これらの変種は、しばしばそれを持っている人の感覚器官の劣等性に現れるが、さもなければ彼〔女〕自身に——あまり重要でない変種にはわれわれの探求方法はしばしば失敗する——、先祖から引き継がれた器官劣等性の遺伝に見られる。ここにおいて、しばしばこのような体質の劣等性の明瞭な痕跡が見られる。これによって病気になることは稀ではない。これは人類の進化を強いてきたマイナスの変種である。

子どもの創造的な精神が、自発的な遊びの方法に示される。どんな遊びでも優越性の追求の余地がある。一緒に遊ぶことは、共同体感覚を育むことに適している。このように一緒に遊ぶことの他に、一人で何かに取り組むことも、子どもの場合も大人の場合も正当であり、後に共同体感覚を豊かにすることがはっきり示している限りにおいて、奨励さえされるべきである。ある種の行為は、他者から離れてしかできない。しかしこのことが共同体的生活を妨げることは決してない。その際、またもや空想が働いているのであり、それは少なからず優れた芸術によって養われるのである。

消化されない精神的な栄養はすべて、ある程度成熟するまでは子どもの読書領域から遠ざかれておかれるべきであることはいうまでもない。誤解されるか、発達する共同体感覚を弱めることになるからである。このようなものには、とりわけ残酷で恐怖を引き起こすような物語がある。このような物語は、子どもたちを怖がらせ、排尿と性のシステムが刺激することによって、子どもたちに強い影響を与える。このような影響を受けるのは、「快楽原則」に抵抗することができない甘やかされた子どもたちである。彼〔女〕らの空想と後にはそれの実行は、性的な刺激を生み出すために恐怖をかき立てる状況を創り出す。私が性的なサディストとマゾヒストの調査をしたところ、共同体感覚の欠如に並んで、このような状況の破滅的な連鎖を見出した。

空想と優越性の目標

子どもと大人の大抵の白昼夢は、ある程度までコモンセンスから解き放たれて優越性の目標の方に向かう。空想が、精神の平衡を維持するためであるかのように、補償を目的として、感じられている弱さを克服するために役立つはずの具体的な方向を取るということを理解するのは容易である。もっともこの道では決して成功しないのであるが。この過程は、ある意味で、子どもがライフスタイルを創る時に取る過程に似ている。子どもが困難を感じる時、空想は自分の価値が高くなったかのように見せるのに役立つが、その際同時に子どもを多かれ少なかれ刺激する。もちろん空想が、いわば完全に補償している場合は、そのような刺激が起こらないことも多々ある。後者はどんな活動性も外界への攻撃も欠いているが、共同体の妨げであると見なされなければならないことは明白である。また空想が、空想を導くライフスタイルに常に一致しながら共同体感覚に反する場合も、共同体感覚がライフスタイルから閉め出されることの徴候と見なすことができ、治療者はこのことに目を向ける。このことは、時には自分自身のひどく辛い苦しみについての空想と交換されるか、取って代わられる多くの残酷な白昼夢にも当てはまる。戦争の空想、英雄的な行為、地位の高い人を救うという空想は、通常実際には自分は弱いと感じているということを示しており、生活の中では臆していることとおずおずしていることによって置き換えられる。これや類似の、一見対照的な表現形式において、両面価値、意識の分裂、二重生活を見る人は、人格が統一しているということを知らないのである。一見した矛盾は、ただマイナスの状況とプラスの状況を比較し、誤ってそれらに連関を認めることから生じるのである。精神の過程が止むことなく前へと流れているということを知っている人は、それを言葉、概念によって正しく特徴づけることは、言葉の貧しさのゆえに、必ず失敗することを知っている。止むことなく流れるものを、静止した形式として叙述することは、できないからである。

他の親の子どもであるというテーマの空想がしばしば見られる。この空想が、自分の親に満足していないことを示していることは、ほぼ間違いない。他の場合ではそれほど顕著ではないのだが、精神病においては、この空想が、持続する非難として現実に押しつけられるのが見られる。野心が現実を耐えがたいものと見なす時はいつも、人は空想の魔法の中に逃避する。しかし空想が共同体感覚と正しく結びつけば、非常に偉大な行為が期待できるということを忘れてはならない。空想は、それが要求する感覚と感情をかき立てることで、走る車の高められたガス圧力のように作用するからである。

そこで空想の働きの価値は、まず第一に、共同体感覚にどれほど満ち満ちているかに依存している。このことは個人にも集団にも妥当する。確かに失敗には、失敗した空想が伴なうことが予想できる。嘘をつく人、詐欺師、自慢する人は、この空想の顕著な例である。空想は、白昼夢には凝縮しない場合でも、止まることはない。予言の欲求と同じく、優越性の目標に向けられているので、未来に向かわないわけにはいかない。現実において現れようと、白昼夢あるいは夜の夢に現れようと、また芸術作品を創造しようと、空想がライフスタイルの方向への訓練であることは見逃してはならない。それは自分が価値があるという感情を際立たせ、この道においては程度は様々だがコモンセンスに影響される。夢を見ている人でさえ、しばしば夢を見ていることを知っている。眠っている人は、どれだけ現実から遠ざかっていても、めったにベッドから落ちることはない。夢の中では空想は、あらゆるものを用いる。富、力、英雄的な行為、偉大な行為、不死、また誇張、隠喩、直喩、象徴などである。隠喩の刺激する力を見逃してはならない。それらは私の多くの敵対者の無理解にもかかわらず、空想に満ちた現実の変装であって、決して現実と同じではない。その価値は、それらがわれわれの人生に追加の力を与えるのに適しているのであれば否定できない。しかし隠喩がわれわれの感情をかき立てることによって、われわれの中にある共同体に抵抗する精神を強化する時には、有害と見なさなければならない。しかしあらゆる場合において、それは現在の問題に直面した時にライフスタイルが必要とする感情の傾向を呼び起こし強化するのに役立つ。このようにするのは、コモンセンスが問題の解決のためにはあまりに弱いことが示されるか、あるいはライフスタイルによって要求された問題の解決に矛盾する時である。この事実はわれわれが夢を理解することにも役立つだろう。

夢の理解

夢を理解するためには、眠りについて考慮しなければならない。眠りは夢を見ることを可能にする心の状態だからである。眠りが進化が創り出したものであることには疑いない。それは当然身体の状態と結びついていて、それによって呼び起こされた自立した調節である。われわれはこれらの変化について目下のところ漠然とした考えしか持っていないけれども（おそらくゾンディックは脳下垂体に関する研究によって、この主張にわずかながら光を投げかけた）、その調節は、眠りの衝動と共同して作用する、と仮定できる。眠りは明らかに休息と健康の回復に役立つので、身体と精神の活動のすべてを休止状態に近づける。人の生活様式は、覚醒と眠りによって、昼と夜の交代によりよく調和する。眠っている人を目覚めている人からとりわけ区別するのは、昼間の諸問題からはっきりと距離を取っているということである。

　しかし眠りは死の兄弟ではない。ライフスタイル、即ち、個人の運動法則は、絶え間なく目覚めているのである。眠っている人は動き、ベッドで不快な体位を避け、光と騒音で目を覚まさせられる。隣で寝ている子どもを気遣い、昼間の喜びと苦しみを眠りの中まで持ち込む。人は眠りの中でもあらゆる問題に関わっている。眠りはそれを解決することを妨げることはない。赤ん坊の落ち着かない動きは、母親の目を覚まさせ、望むのであれば、朝ほぼ同じ時間に起きることができる。眠っている時の身体の姿勢は、既に示したように、しばしば精神の態度決定をよく示している。精神生活の統一性は、眠りの中でも保たれているので、夜の徘徊、あるいは時折見られる睡眠中の自殺、歯ぎしり、寝言、筋肉の緊張、また後に感覚異常を伴う手を握りしめることを全体の部分と見なければならず、無論、他の表現形式からも確証を見出さなければならないが、これらのことから結論を引き出すことができる。感情も気分も眠りの中で目覚めているが、夢を伴わないこともある。

　夢が大抵の人には視覚的な事実に見えるのは、何かについて確信する時、見えるということに重きを置いているからである。私は私の弟子たちにいつも次のようにいっている。「何かについて観察の中ではっきりしないことがあれば、耳を塞ぎ〔患者の〕動きに眼を向けなさい」。おそらく誰もが、このことが確かであることを、はっきりとは理解できなくても、知っているだろう。夢はこの大きな確実性を求めているのだろうか？　夢は昼間の経験から大きく離れ、自分自身だけが頼りであり、ライフスタイルによって導かれた創造力からは全く無傷であり、法律によって与えられる現実による制限からも自由である。それゆえ夢は、ライフスタイルをより強く表現するだろうか？　夢は、ライフスタイルの中に固定された空想の裁量に委ねられる。現前する問題が、個人の力を超える時、あるいはコモンセンス、個人の共同体感覚が十分な力を持って存在しない時には、空想がライフスタイルの有利になるように闘っているのが見られる。夢も空想と同じように闘うだろうか？

夢についてのフロイト理論――批判

われわれは個人心理学をまったく無視したり、あてこすることで風を帆から取り出そうとする人を追いかけようとは思わない。それゆえわれわれはここでフロイトのことを思い出す。彼は最初に科学的な夢理論を作り上げることを試みた。このことはフロイトが「無意識」に属しているといった観察と同様、誰もけなすことができないいつまでも残る功績である。彼は自分で理解していた以上にずっと知っていたように見える。しかし無理をしてすべての精神的現象を唯一の原理――これを彼は性的リビドーという――のまわりに集めた時、失敗しないわけにはいかなかった。その上このことは彼が悪しき欲動だけに着目したことによって悪化した。私が示したように、これは甘やかされた子どもたちの劣等コンプレックスから発するものであり、そのような子どもの誤った教育による人為的所産、独自な創造物であり、決して精神の現実的で進化する形成の構造として理解することはできない。フロイトは次のようにいうだろうか。「人が自分の夢をすべて区別することなく偏見を交えずに忠実に手間をかけて、例えば人生の記憶や夢について読んだことから夢について自分で説明できるようにコメントを加えて記す決心をした時、人生に大きな貢献をするだろう。しかし人類の現状ではおそらく誰もそんなことはしないだろう」。決していわないだろう。たとえそのことが自分が肝に銘じるために少しでも価値があるとしてもである。いや、これはヘッベルが回想録の中でいったことである。要は、これが夢についての見解であれば、私は、夢はまず第一に採用された方法が、科学的な検証に耐えられるかどうかにかかっているということを付け加えなければならない。このことは精神分析の方法にはほとんど当てはまらなかったので、フロイト自身が夢の解釈を何度も変えた後、今や、すべての夢が性的な内容を持っていると主張したことは一度もない、と説明している。ともかくも、これは進歩である。

　しかしフロイトが「検閲者」と呼んでいるものは、眠っている時には現実から遠く離れているということにほかならない。即ち、意図的に共同体感覚から遠く離れているのであり、共同体感覚が欠如しているということが、目の前にある問題を正常な仕方で解決することを妨げる。そこで人は予想される失敗に際してショックを受けないように、より安直に解決しようと別の方法を求める。ここで空想が、ライフスタイルに縛られ、コモンセンスからは離れて、力になるはずである。ここに欲求の満足を、あるいは、これがうまくいかなくて死の欲求を求めれば、夢の構造についてもはや何も説明しない月並みなことしか見出さないことになる。生の過程の全体は、どれほど観察しても、求められた欲求の満足と見なすことはできないからである。

　私は夢に関する私の調査において二つの助けとなるものを持っていた。一つは、私には受け入れることができない見解を持ったフロイトによって与えられた。私は彼の誤りから学んだのである。私自身は一度も精神分析を受けたことはない。受けるようにといわれたら、即座に拒否していたであろう。なぜならフロイトの学説を厳格に受け入れれば、科学的見解の公平さ（いずれにしてもあまり大きくはない）を損なうことになるからである。それでも私はフロイトの誤りがわかるだけではなく、甘やかされた子どもについての鏡像において、フロイトが次に何をいうか予言できるほどフロイトの学説を熟知している。それゆえ、私はすべての私の弟子にフロイトの学説を徹底的に通じるようにいつも勧めてきた。フロイトと彼の弟子たちは、明らかに自慢するように、私がフロイトの弟子であったということを大いに好む。私が精神分析のサークルでフロイトと大いに論争をしたからである。しかし私は一度もフロイトの講義に出たことはないのである。このサークルがフロイトの見解を支持することを誓わせることになった時、私が最初に彼のもとを去った。私がフロイトよりもずっと個人心理学と精神分析の間に境界を引いてきたこと、私がかつてフロイトと議論したことを自慢したことは決してない、と私が証言することを、誰も否定することはできないだろう。個人心理学が発展したこと、そしてそれが疑いもなく精神分析の変化に影響を与えたことが、精神分析の方では悪く取られたことを私は残念に思う。しかし私は、甘やかされた子どもたちの世界観を満足させることが、いかに困難であるかを知っている。精神分析が、その根本原理をすべて放棄することなく個人心理学に近づいた後、偏見のある人にも両者が似ていることが見えるようになったことは、結局のところそれほど驚くべきことではない。それは破壊されることがないコモンセンスの働きなのである。そこで多くの人には、私があたかも過去二十五年間、精神分析の発展を不当に予言したかのように見えるだろう。私は捕えた人を決して解放しない捕虜である。

二つ目の、ずっと力の強い援助は、確立され、科学的に裏付けられ、多方面から解明された事実、即ち、パーソナリティの統一から生じた。夢もまたこれと同じ統一の一部であるに違いない。夢においては、通常目覚めている時よりも、現実の影響から大きな距離がある。この距離は、ライフスタイルによって要求され、目覚めている時の空想をも特徴づける。しかし、このような距離を別にしても、夢におけるいかなる精神の形も、覚醒した生においても存在するような形として受け取ってはならない。睡眠と夢は覚醒した生の変種であり、覚醒した生は、夢の変種であるとも結論づけることができる。覚醒時と睡眠時における両方の生の形の究極の法は、自分に価値があるという感情は減らしてはならないというものである。あるいは個人心理学においてよく知られた術語を使うならば、究極の目標という意味での優越性の追求は、個人を劣等感の圧力から解放するということである。われわれはどんな方向を取るかを知っている。多かれ少なかれ共同体感覚から逸れるのである。即ち、共同体感覚に反するのであり、コモンセンスに反対するのである。自我は差し迫った問題を解決するために、夢の空想から力を受け取る。その問題の解決には十分な共同体感覚を欠いているからである。その際、常に現前の問題の主観的な困難さが、共同体の試験の役割を果たすということはいうまでもない。それは非常に重くのしかかるので、最も優れた人でさえ夢を見始める。

　それゆえ、われわれはまず最初に、どの夢の状態も外生要因を持っているということを確かめなければならない。これはおそらくフロイトの「昼の残滓」以上の、それとは違ったものを意味している。その意味は、試験をし、解決を求めることにある。それは個人心理学の「目標に向けての前進」「どこへ」を含んでおり、フロイトのいう退行や小児性欲の充足とは対立している。後者はまたもやすべてを自分だけで持ちたいと思い、満たされない欲求があることが理解できない甘やかされた子どもたちの虚構世界をあらわにしている。それは進化における上への流れを指し示しており、各人が進もうとする道をどのように考えているか、そして、各人のあり方と、人生のあり方と意味を示しているのである。

共同体感覚からの距離を保つ夢

しばし夢の状態から離れてみよう。試験を前にした人がいるとしよう。その人は共同体感覚を欠いているので、試験に直面するには十分準備ができているとは考えていない。そこで空想の中に逃避する。何が逃避するだろうか？　無論、ライフスタイルの中にある自我である。その目的は、ライフスタイルにかなった解決を見つけることである。しかし共同体にとって価値のある夢というわずかな例外は別として、その解決はコモンセンスとは調和しない。それは、共同体感覚に反してはいるが、苦境と疑いの中にある人を楽にする。そしてそれ以上に、ライフスタイルと自我に付した価値において人を強化する。睡眠も催眠状態もさらに成功した自己暗示も、正しく行われるのであれば、この目的を得るための容易な方法にすぎない。われわれがここから引き出さなければならない結論は、夢はライフスタイルの意図的な創造物として、共同体感覚から距離を取ることを求め、そのことを表現するということである。それでも共同体感覚が多くあれば、切迫した状況で、時折これとは反対のことが見られることがある。共同体感覚が、そこから逸脱しようとする試みに、勝利を収めることである。これも、個人心理学が、精神の生活は決して形式や規則ではとらえることはできない、と主張することを正当化するケースである。このことは無論このケースにおいては主要な命題に触れられてないままにしている。即ち、夢は共同体感覚から距離を取ることを示しているのである。

　ここで私を以前から大いに困らせた反対に遭遇する。しかし私は、その反対に、この夢の問題についての深い洞察を負っているのである。即ち、先に叙述した事実が正しければ、誰も自分の夢を理解しておらず、夢の大部分を忘れてしまうこと、夢に注意を払わないことは説明されるだろうかということである。もしも夢について何か理解している一握りの人を除外すれば、その時われわれが決して精神の経済の中にはどこにも見出せないような夢のエネルギーの浪費があるように見える。無論、ここで個人心理学の別の経験が役立つ。人は理解している以上に知っているものである。夢では、理解が眠っている時に、知は目覚めているのだろうか？　もしもそうであれば、何かこれに似たことの証拠も目覚めた生活の中から探さなければならない。そして実際、人は自分の目標については何も知らないが、それにもかかわらず、その目標に従っているのである。人はライフスタイルについて何も知らないが、絶えずライフスタイルにとらわれている。そしてライフスタイルが、問題に直面した時に、目標を一定の方向に、即ち、酒宴や成功を約束する企ての方に向かう時のように示すならば、思考とイメージ（これは私が「保障」と名づけたものである）が常に現れる。これらが現れるのは、この道が魅力があるように思わせるためであるが、その際、目標とは常に明らかに結びついているわけではない。

　夫が妻に満足できない時には、しばしば他の女性が妻よりも望ましいように見える。その際夫は連関を理解することはなく、いわんやそのことが非難や隠された復讐であるということを理解していない。ライフスタイルと現前する問題の連関の中で見ることで、初めて自分の間近にあることについての彼の知は理解となるのである。

　しかし私はさらに、空想は、夢と同様、かなりのコモンセンスを放棄しなければならないことを既に指摘した。それゆえ多くの研究者が夢には意味がないという結論に到達するためにしてきたように、夢をコモンセンスに一致したものかたずねることは、正しくはない。夢がコモンセンスに近づくのは、非常に稀な場合だけであり、コモンセンスに一致することは決してない。しかしこのことから夢の最も重要な働きが生じる。即ち、空想について示したように、夢見る人をコモンセンスから逸らせるという働きである。それゆえ、夢見る人は夢の中で自己欺瞞を働く。われわれのこの根本的な見解によれば、次のことを付け加えることができる。この自己欺瞞は、解決するためには共同体感覚が十分ではない問題に直面した時に、自分のライフスタイルを参照するようにと指示するということである。このライフスタイルに応じて解決するためである。そして共同体感覚を要求する現実から自らを切り離すために、ライフスタイルが与えるイメージが押し寄せることになる。

夢のイメージにおけるメタファーと比喩

それでは夢は、それが過ぎ去れば何も残らないのだろうか？　私はこの重要な問いは解決された、と考えている。人が空想に耽る時、常に後に残るものがある。感覚、感情、そして態度決定である。これらが、いずれもライフスタイルに一致して働くということは、個人の統一性についての個人心理学の根本見解から帰結する。私が経験にもとづいて、夢は前を目指しているということ、夢は夢見る人の問題をその人固有の仕方で解決することについて「研ぎ澄ませる」と主張したのは、一九一八年以来のフロイトの夢理論に反対する私の最初の攻撃だった。後に私は、夢はこのことをコモンセンス、共同体感覚にもとづいて行うのではなく、詩人であれば行うような、感覚や感情を呼び起こそうとする時に「比喩的な仕方で」隠喩として、比喩のイメージで行っているということを確かめることで、この見解を補うことができた。しかし、このことは、再び覚醒状態へと立ち戻らせ、詩人としての才能をまったく欠いている人でも、印象づけたいと思う時には「驢馬」「古女房」のような罵りの言葉を使えば、比喩を使うことができることを付け加えることができる。これと同じことを教師も、何かを単純な言葉で説明することに絶望する時に行っている。

ここで二つのことが起こっている。まず第一に、比喩は事に即した厳命よりも感覚を呼び起こすのに適しているということである。詩の芸術、格調の高い言葉においては、隠喩を使うことがまさしく勝利を祝う。しかし美しい芸術の領域から離れると、われわれは直ちに比喩を用いることに潜む危険に気づくことになる。「比喩は物の一面しかいい表していない」とは正しいいい方であり、そのことで意味されているのは、比喩を用いることには欺瞞の危険があるということである。したがって、ここでもわれわれは先と同じ判断に到達する。夢においてイメージを比喩的に用いることに注視した時に、夢の中のイメージは、実践理性の道から離れて、夢を見る人の自己欺瞞と感覚を呼び起こすことに役立ち、そのことでまたライフスタイルに一致した意味での態度決定をするのに役立つということである。おそらく疑いに似た気分が詳しく調べることを必要とする問題に先行するだろう。しかしその場合、自我は何千とある可能性の中から、夢見る人のライフスタイルにまさに合致して、ライフスタイルに有利となるように、実践理性を越えるというその人の目的に有利なイメージを選び出すのである。

われわれはかくて夢見る人の空想は、他の形におけるのと同様、たとえわれわれの他のすべての思考、感情、行為のように、記憶のイメージを用いるとしても、ライフスタイルの線は、前へ上へと進むということを確かめてきた。甘やかされた子どもの人生におけるこれらの記憶のイメージは、甘やかしの誤りから由来する。それでも未来への先取りを表現しているということが、幼児性欲がここで満足を見出す、あるいは、子どもの段階への退行が起こるかのような誤った結論を導いてはならない。

さらに、ライフスタイルは、自らの目的のためにイメージを選び出すので、われわれはこの選択からライフスタイルを理解することができるという事実を考慮しなければならない。夢のイメージを外因的な状況に一致させることは、夢見る人が、運動法則を正しく評価するために解決を要する問題を前にして、ライフスタイルによって採る運動の法則を見ることを可能にする。夢見る人の弱さを、彼〔女〕がその価値と意味が検証されることがない間違った仕方で、感覚、感情を呼び起こす比喩の力を利用することに見ることができる。これらの感覚や感情は、人が作動しているエンジンに燃料を注ぐように、ライフスタイルに導かれた運動を強化し加速することの原因となる。

それゆえ夢を理解できないことは、偶然ではなく必然なのである。このように理解できないことは覚醒時に、人があまりに自分の誤りをこじつけの議論で守ろうとする多くの場合に、同様に確かめることができる。

夢と人生の関係

夢見る人は、ちょうど目覚めている時と同じく、実践理性を意のままにする他の手段に訴えることができない。即ち、現前の問題を副次的に扱うか、あるいは重要な点をこのようなことから排除してしまうのである。私は、この過程は広く用いられていると推定するが、私が一九三二年に『個人心理学雑誌』の最終巻で、問題の部分的で不完全な解決、劣等コンプレックスの徴候として叙述したものと近い関係にある。

私はここでもまた夢の解釈に規則を与えることを拒否する。なぜなら、これは例えばベックメッサーの体系化よりも、ずっと多くの人為的なひらめきを必要とするからである。夢は他の表現形式からも推定されないことは何も提供しない。夢は観察者がいかに古いライフスタイルがなお強く働いているかを認めることにだけ役立つのである。これは患者に注目させるためであり、納得させるという目的のために確実に貢献する。夢の解釈においては、ペネローペのように昼間に学んだことを夜にほどいているということを、患者が理解するところまで進まなければならない。また催眠をかけられた人のように、誇張された、見かけ上は従順に、医師を前にして空想そのものに従順な道を取ることを強いるようなライフスタイルを忘れてはならない。ただしそこから帰結する態度決定をすることなく、既にこの隠された方法で、子ども時代にも行われた一種の反抗の形で行われる。

　繰り返してみる夢は、その状況において似ていると感じ取られた問題を前にした時の運動法則の様式化された表現を示している。短い夢は、問題に対する厳密で速やかに準備された答えを示している。忘れた夢は、その感情のトーンが、同じように強い実践理性に対して、強いと推測できる。後者をうまく避けるには、観念材料は感情と態度決定だけが残るように消されなければならない。不安な夢は、失敗を前にした強い不安を反映している。心地よい夢は、いっそう嫌悪の感情を引き起こすために強い「そのようであれ」という命令、あるいは現在の状況との対比を示している。亡くなった人の夢は、夢見る人が亡くなった人を最終的には葬っておらず、その人の影響のもとにあるということがすぐにわかる。この考えは、無論、他の表現形式から確かめられなければならない。落ちる夢は、おそらくあらゆる夢の中で最もよく見られるものだが、自分に価値があると感じられなくなるのではないかと不安になっていることを示している。それは同時に空間的な表象によって、夢見る人がその感情において「上」にあると思い込んでいることを示している。飛ぶ夢は、野心のある人の優越性の追求、即ち、夢見る人が他の人を超える何かをしようとすることに見ることができる。この夢は、しばしば野心的で危険がおかす追求努力への警告として、落ちる夢と結びつく。夢の中で、落ちたが着地に成功することは、思考の上ではなく、ただ感情的に表現されるが、大抵、予定の感情ではないにしても安全の感情を示しているだろう。この感情によって何も悪しきことが起こりえない、と確信できる。列車や何かの機会に遅れることは、大抵は確立された性格特性である、と見ることができる。遅れたり機会を逸することで、恐れている失敗から逃れるのである。不適切な服を着ている夢は、後にそのことを恐れ、大抵は不完全であることの現場を押さえられることを恐れていると見ることができる。夢においては、しばしば動的、視覚的、聴覚的な傾向が、現前の課題に対する態度決定と結びついて表現される。その課題の解決は、稀な機会に、個々の例が示しているように、これらの夢によって援助される。夢見る人が見物人の役割を果たしている夢は、その人が人生において傍観者としての役割に満足していることを示しているのは、ほぼ確実である。性的な夢は様々な方向に向けられている。性的な関係の訓練が十分ではないということであったり、パートナーからの退却、自分自身に引きこもったりすることである。同性愛の夢では、異性に反抗する訓練が行われているのであって、私が十分強調してきたように、何か生まれつきの傾向ではない。人が積極的にふるまう残酷な夢は、怒りと復讐を示している。汚す夢も同様である。正しい場所で排尿しているというよくあるおねしょの夢は、自分が軽視されているという感情への非難と復讐を、勇気を欠いた仕方で表現するのが楽であると考えているのである。私は著書と論文で多くの夢を解釈しているので、ここでは特定の例をあげないでおこうと思う。夢がライフスタイルと連関しているということについては、次の夢がそのことの例になる。

　二人の子どもの父親である夫は、妻との喧嘩が絶えなかった。彼は妻が愛のために結婚したのではないことを知っていた。争いは双方からかき立てられた。彼はもともと甘やかされた子どもだった。

後に他のきょうだいによって王座から転落させられたが、厳格な学校でそれまでのような怒りの爆発を抑えることを学んだ。困難な状況ではしばしば敵たちと平和的に和解する試みをおそらくあまりに長く行ってきた。〔しかし〕この試みは、当然のことながらめったに成功しなかった。

妻に対しても、彼の態度は、待って、愛情と信頼に満ちた雰囲気を創り出そうとしたり、劣等感を持ちどうしていいかわからない時には、時折カッとして怒りを爆発させるということが入り交じったものだった。妻はこの状況を全く理解しなかった。

夫は二人の子どもに並々ならぬ愛情を注ぎ、子どもたちも父親の愛情に応えた。他方、妻は形式的といってもいいほど冷静で、当然夫とは子どもたちの愛情を得る競争をすることはできず、子どもたちと次第に接触することがなくなった。このことは、夫には、子どもたちを軽視しているように見えた。彼はこのことをめぐって妻としばしば喧嘩をした。二人の結婚関係はさらに難しいものになった。しかし二人はこれ以上子どもを持たないでおこう、と決心した。

これが長らく二人のパートナーをめぐる状況だった。愛を強い感情にだけ認めた夫は、自分の権利を奪われている、と感じた。妻の方は、そのライフスタイルから、冷ややかで夫と子どもたちに求められた暖かさを欠いていたので、結婚を続ける努力をしたがうまくいかなかった。

ある夜、彼は血にまみれた女性の身体の夢を見た。それは無情にも投げ出されていた。彼は私と話すと、解剖室で見た場面を思い出した。医師の友人がそこへ彼を連れて行ったことがあるのである。彼が二回目撃した出産の行為も恐怖を与えたと見ることは容易で、このことは彼自身も確信した。この夢の解釈はこうである。「妻が三人目の子どもを出産することは体験したくない」

こんな夢も見た。「私はいなくなったか誘拐された三番目の子どもを探しているかのようだった。

ひどく不安だった。私の努力はどれも無駄だった」。実際には三番目の子どもはいなかったので、妻が子どもを育てることができず、三番目の子どもが大きな危険にさらされるのではないか、といつも不安を持っていたのは明らかだった。この夢はリンドバークの子どもが誘拐されたすぐ後に見られたものであり、ライフスタイルと、愛情に欠けている人との関係は断つという、そしてこの決心の一部として、子どもは持たないでおこうという考えに一致した外因的なショックを与える問題を示している。この夢では子どもを軽視することが強調されているが、最初の夢と同じ方向、即ち出産行為への過剰な恐れを目指しているのである。

この患者は、インポテンツの治療をするためにきた。さらなる手がかりが、彼の子ども時代へと導いた。彼は子どもの時、長く努力をした後で、冷淡であると彼が思った人から拒否されることの苦しみから身を守ることを学んだのである。そして同時に、母親が、これ以上子どもを産むことに耐えられなかったのである。

われわれは、この男性の性格特性を必ず見て取り、それを互いの関連の中で見ることができる。即ち、彼のライフスタイルの主たる傾向、特定のイメージを選び出すこと、ライフスタイルに新しい弾力と高められた力を与える比喩による自己欺瞞、自己陶酔、実践理性からかけ離れた持続するショックから帰結し、コモンセンスによってではなく、ひそかに達成された人生の課題からの後退による、この男性の軟弱さに応じた課題の中途半端な解決である。

フロイトの象徴主義についてのいくつかの観察

さらに、フロイトの夢についての象徴主義と呼ばれているものについて、なお少しばかり述べるべきならば、私の体験から次のことをいうことができる。人間が昔から性的な活動と事柄を冗談で日常的な事実に例えるという傾向を示してきたというのは正しい。このことは、おそらくいつも酒屋のテーブルやわいせつな話の中で行われた。このような冗談の魅力は、おそらく大部分は貶めたり、からかいたいと思うこと、ほらをいうことだけでなく、象徴に意味されている感情を強調することにある。民間伝承や流行歌の中で思い出される、このよく使われる象徴を理解するために多くの知力は必要としない。無論、それらが夢の中に一定の目的のために現れることがより重要で、その目的を発見しなければならない。

そのことに注目させたのはフロイトの功績である。しかしすべてが性的なリビドーから発していると見つけるために、人が理解しないことを性的な象徴として説明することは、理性的な批判に耐えない。催眠によるいわゆる「証明する体験」も証拠としては弱い。催眠をかけられた人は、最初に性的な場面を見るように暗示をかけられ、その後、彼〔女〕らの報告から性的な夢を見たということが明らかにされたのである。この人たちが、あらわな性的な表現の代わりに、なじみのある象徴を選ぶことは、せいぜい自然な恥の感情を示しただけであり、その上今日フロイト派にとって、フロイト派の理論を知らないような被験者を見出すのは困難であろう。フロイトの象徴主義が、民衆の語りを非常に豊かにし、さもなければ害のない事柄についての観察の中立を根本的に破壊することは、まったく別のことである。以前、精神分析の治療を受けた患者は、夢の中でフロイト的な象徴主義をかなり使うことを観察することができる。私が、フロイトのように、テレパシーを信じ受け入れることができたとしたら、そして彼の浅薄な先駆者がしたように、思想伝達がラジオ放送のように行われることを認めることができれば、私の反駁はさらに強いものになるだろう。この反論は、したがって、私にとってもはや存在しなくなる。

第十五章　人生の意味

宇宙と進化——人間の生の場

人生の意味について問うことは、人間と宇宙の関連システムから目を離さない時にだけ価値と意味がある。その際、宇宙がこの連関において形成する力を持っていることは、容易に理解できる。宇宙は、いわばすべて生きているものの父である。そしてすべての生は、宇宙の要求を満たすために絶え間ない闘いの中にある。後になって人生におけるすべてのものを完成へと導くことができ、ただ展開すればいい衝動があるというのではなく、人生に属している、追求努力、衝動、自己展開、人がそれなしでは人生全般を考えることができない何かがあるのである。

人生とは発展するということである。人間の精神は、すべて流れるものを形にし、運動ではなく凍結された運動、形になった運動と見なすことにあまりに慣れている。われわれ個人心理学者は、以前からわれわれが形と把握したものを動きへ溶かしている。完成した人間は一つの細胞から発しているということは誰でも知っている。しかしこの細胞の中に、発展のための根本的なものがあるということも、正しく理解しなければならない。生命がどのようにして地球にやってきたかは、はっきりとはしない問題である。おそらく究極の解決を見出すことは決してないだろう。

小さな生きた統一からの生物の発展は、宇宙の影響の承認によってのみ行われた。われわれは、このことに関しては、例えばスマッツの天才的な試みのように考えることができる。即ち、スマッツは、生命は死んだ物質の中に存在する、と仮定したが、われわれは、原子が陽子のまわりを動く様を示す現代物理学によって、このように考えるに至ったのである。

このような見解が今後も正しいとされるかは、われわれは知らない。確かなことは、われわれの生命についての考えには疑いをはさむことはできず、その考えにおいては同時にまた、運動は自己保存、繁殖、外界との接触、さらに、もしも生命が滅びることがないものであるならば、勝利を収める接触を目指すものであるということである。ダーウィンが放った光の下では、外界の要求に適応した種だけが選択された、と理解できる。われわれの見解により近いラマルクの見解は、われわれに、どの生命体にも内在する創造力の証拠を与える。すべての生命体が創造的に進化するという普遍的な事実は、われわれにどの種の発展の方向にも、目標、即ち、完全の目標、要求への積極的な適応という目標が置かれているということを教える。

もしも人生がどの方向に進み動くかということを理解したいのであれば、われわれはこの発展から、即ち、外界の要求への連続した積極的な道から始めなければならない。ここでは原初的な生命にそなわっていた原初的なものが問題になっているということを理解しなければならない。常に克服、個人と種の存続が問題である。また個人と外界との好ましい関係を作り出すことが常に問題である。このよりよい適応をなしとげる強制は、決して終わることはない。私は既にこの考えを一九〇二年に発展させた。そしてこの積極的な適応の失敗は、この「真理」によって絶えず脅かされ、民族、家族、動物と植物の種の没落は、積極的な適応の失敗に帰することができるということを鋭く指摘した。

私が積極的な適応について語る時、私はこの適応が、現在の状況に、あるいは死に結びついていると見る幻想を排除している。むしろ、永遠の相の下における適応が、問題である。なぜなら最も遠い未来までずっと正しいと見なされうる身体的、そして精神的な発展こそ「正しい」からである。さらに積極的適応は、身体と精神は生命全体の組織と同様、完全に適応し、宇宙によって与えられたすべての欠点を克服するように努力しなければならないことを意味する。おそらくは、しばらくの間は続く見かけの調停は、遅かれ早かれ真理の重みに屈する。

われわれは進化の流れの真只中にあるが、そのことに地球の自転と同じくらいほとんど気づいていない。個人の生命がその部分であるこの宇宙的な結びつきの一つの条件は、外界との一致を追求し、そのことに成功することである。たとえ既に人生の始まりにおいて優越性の追求が存在したことを疑いたいと思ったとしても、何億年という歳月の経過は、今は完全性の追求はどの人にも存在する生得的な事実であることをわれわれにはっきりとさせる。この観察はさらに、何か他のことをわれわれに示すことができる。たしかにわれわれは皆、どれが唯一の正しい道であるかを知らない。人類はこの人間の発展の究極の目標を表現する多くの試みをしてきた。宇宙が生命の保存に関心を持っているはずだということは、もはや敬虔な願い以上のものではない。しかし、それはそのようなものとして、宗教、道徳、倫理において人類全体の幸福を促す強い動機として使うことができ、実際そのように使われてきた。呪物や蜥蜴、あるいは先史時代における呪物としての男根の崇拝は、われわれには科学的には正当化されないように見える。しかしこれらの原始的な世界観が、人類の共生と共同体感覚を促したことは見逃してはならない。同じ宗教的な熱情に魅せられている者は、皆、きょうだい、タブーと見なされ、大きな部族の保護に委ねられたからである。

この人類の理想について得られた最善の表現は、神の概念である。神の概念が、元来、完全への動きを目的としてそのうちに持っていること、そしてそれが完全の具体的目標として、完全を達成するという人間のはっきりとはしない憧れに最もよく対応しているということは疑いない。無論、誰もが自分の神を違った仕方で考えているように見える。たしかに初めから完全の原理にはほど遠い神の概念がある。しかしその純粋な形としては、神を完全の目標として理解していることには成功しているということができる。

規範となる宗教の確立において作用し、人類を互いに結びつけることになった根源的な力は、進化の成果として見なされるべき進化の流れにおける共同体感覚と、上に向かう追求努力の力にほかならなかった。当然、人類には、この完全の目標を表す多くの試みがある。われわれ個人心理学者、とりわけ不適応な人、即ち、神経症や精神病者、非行をした人、アルコール依存者と関わらなければならない個人心理学者の医師は、そのような人にもこの完全の目標を見るが、理性とはひどく違った方に向いているので、そこに完全の正しい目標を認めることはできない。例えば、人が他者を支配しようとすることでこの目標を具体的にしようと努める時、われわれにはこの完全の目標は、誰にとっても妥当する課題にすることはできず、誰もが進化の強制に反対し、現実を力で捩じ曲げ、真理とその信奉者に対する不安の中で自らを守ることを強いられるので、個人と大衆を導くことはできないように見える。

完全の目標を他の人に依存することに置く人が見られるが、この完全の目標も、理性に反しているように、われわれには見える。おそらく人が完全の目標に反対することになる確実な失敗をしないために、人生の課題を解かないままにしておくということに完全の目標を見る時、多くの人には受け入れられると見えるけれども、われわれには、この目標も決して適切なものには見えない。

われわれの展望を広くして次のような問いを立てる時、即ち、完全の正しい目標を立てたが、正しくない道を取って進み、普遍的な進歩の道を見失ったので、積極的な適応には成功しなかった生物には何が起こったかという問いを立てよう。その時答えは種、人種、部族、家族そして多くの人の跡形も残さない滅亡であること、そして個人にとって、ある程度の完全の目標への正しい道を見出すことが、いかに必要なことかを教えてくれる。しかし完全の目標が、日常生活において、パーソナリティ全体の発達、すべての表現運動、見ること、思考、感情、世界観のために方向を与えるということは、われわれにとって自明のことである。そして同様に、ある程度まで真理を回避する方法は、当該の人の滅亡ではないにしても、損害をもたらすに違いないということは明らかであり、どの個人心理学者にとっても理解できることである。なぜならわれわれが進み始めなければならない方向について知っていれば、われわれはたしかに進化の流れの中にはめ込まれており、それに従わなければならないので、そのことは元来幸福な発見だからである。ここでもまた個人心理学は、ちょうど完全の普遍的な追求努力の確立の場合と同様、偉大な業績をなしとげた。個人心理学は、多様な経験から、理想的な完全への方向をある程度理解することができる見方を獲得することができるのである。しかも方向が違ったものになるのは、共同体感覚の規範を確立してのことである。

世界観としての個人心理学

共同体感覚は、とりわけ共同体の形への追求努力をいうが、この共同体は、例えば人類が完全の目標に到達した時に考えることができるような永遠のものと見なさなければならない。決して現在ある共同体や社会が問題になっているのではなく、政治的なあるいは宗教的な形が問題になっているのでもない。むしろ完全のために最も適当な目標が問題であって、それは全人類の理想的な共同体、進化の最後の完成を意味する目標でなければならない。

当然、何を根拠にしてそのことを知っているのか、と問う人はあるだろう。たしかに私の直接の経験から知っているのではない。そして個人心理学に形而上学の要素を見出す人は正しいということを認めなければならない。このことをほめる人もいれば非難する人もいるだろう。残念ながら多くの人は、形而上学について誤った見方をしている。そのような人は、直接理解できないことを、人間の生から排除したいのである。〔しかし〕そうすることは、われわれの発展の可能性、どんなものであれ新しい思考を妨げることになるだろう。新しい理想は、すべて直接の経験のかなたにある。直接の経験は決して何か新しいものを生み出さない。事実を結びつける包括的な理想が生み出されて初めて、新しいものは生み出されるのである。それを思弁的あるいは超越的と呼ぶ人があるだろうが、形而上学に終わることのない科学というものは、一つもない。私は形而上学を恐れる理由を何一つ見出さない。それは人間の生とその発展に最も大きな影響を与えてきたのである。しかしわれわれは絶対の真理には恵まれていない。それゆえ、われわれは、われわれの未来や行為の結果などについての理論を創ることを強いられる。われわれの人類の究極的な形としての共同体感覚についての理想――すべての人生の課題と外界への関係が解決されるとわれわれが考える理想の状態は、方向を与える目標であり、この完全の目標は、それ自身のうちに、理想的な共同体の目標を持たなければならない。なぜなら、われわれが価値があると考えるすべてのこと、存在し、存在し続けるすべてのものは、永遠にこの共同体感覚の産物だからである。

私はこれまでのところで、個人と集団における現在ある共同体感覚の働きと不足について叙述してきた。そして人間知と性格学のために、個人と集団の運動法則とそれの失敗をはっきりさせるために、私の経験を説明する努力をしてきた。個人心理学においては、この反論できない経験のすべては、この科学の観点から見られ理解されなければならず、その科学体系は、この経験の圧力を受けて発展してきた。得られた結果は、互いに矛盾のないものであり、コモンセンスによって確かめられる。個人心理学は、厳格な科学的教説の要求を満たすために必要なことを行ってきた。即ち、多くの直接の経験、これらの経験を調整し、それに矛盾しない体系、そしてコモンセンスと一致した推測の訓練、経験を体系と連関して見る能力の経験を提供してきたのである。この能力は、どのケースも違った仕方で語られ、芸術的な推測をするために常に新しく努力をするきっかけを与えるので、この努力はいっそう必要である。私は、人間が生きる意味を説明するために個人心理学を用いたいので、世界観として受けいれられる権利を主張することに取りかかるならば、徳と悪徳を判断するあらゆる道徳的、宗教的な見方のすべてを放棄しなければならない。もっとも私は以前から倫理学と宗教の両方の流れも、政治的な動きも人生の意味を正しく評価することを常に目指してきており、それらが絶対的真理としての共同体感覚の圧力のもとで発展してきたことを確信しているのである。これらに対する個人心理学の観点は、その科学的な認識によって、そしておそらくは共同体感覚を知識として、より強いものに発達させる試みによって、より効果的に与えられる。即ち、次のような意味である。私は、その方向が全人類の幸福という目標によって導かれているという否定できない証明を伝えるどんな流れも正当なものと見なすということである。私はこの観点に矛盾するか、あるいはカインの「なぜ私は私の隣人を愛さなければならないのか」という問いに貫かれているどんな流れも誤っている、と見なそう。

共同体感覚――宇宙との調和への道

以上確認されたことにもとづいて、私は短い証明の場合のように、われわれは人生を始めた時、われわれの先祖が進化、全人類のより高い発展への貢献として完成したものだけを見出すという事実を明らかにすることができる。既にこの一つの事実が、いかに人生が進化し続けているか、いかにわれわれはより大きな貢献、より大きな協力ができる状態に近づくことになるかを説明することができるだろう。どの人もめいめいが、以前よりも自分を全体の一部であると見なす状態、われわれの社会的な動きは、すべてこの状態のための準備的な試みであり、理想的な共同体の方向に向かう状態だけが存続するのである。この仕事が多様で傑出した人間の力を要求する一方、多くの点では不完全で、時には誤っているということは、前へ進むという進化の道においては「絶対の真理」は、たとえそれに近づくことができても、人間の能力ではそれを得ることはできないということ、多くの業績が一定の時間だけ、一定の状況の時にだけ持続するが、しばらくすると有害であることが明らかになることを示している。われわれが有害なフィクションの十字架に打ちつけられることがないように身を守るものは、社会全般の幸福の導きの星である。われわれはその星に導かれて後退することなく、よりよい道を見つけることができる。

　社会全般の幸福、人類のより高い発展は、われわれの祖先の永遠に不滅の貢献にもとづいている。その精神は生きたものとして永遠にとどまる。それは、不滅である。人間の種の存続は二つのことにもとづいている。それを知っているかどうかは余計なことである。事実が重要なのである。われわれはしばしば暗闇の中でおぼつかない足取りで進むけれども、何が正しい道かという問いは解かれたように私には思える。最終的な決定はしたくはないが、一つのことはいうことができる。個人の運動も集団の運動も、われわれにとっては、永遠と全人類のより高い発展のために価値を創り出した時にだけ、価値があると見なすことができるということである。この命題を論破するために、自分や他の人の愚かさを引き合いに出してはならない。真理を所有していることではなく、それを得ようと努力していることが問題であるということは自明である。

この事実は、われわれが次のように問う時に、より自明であるといわないにしても、決定的なものとなる。社会全般の幸福に貢献しなかった人はどうなったかということである。答えはこうだ。そのような人たちはまったく何も残すことなく消え去ってしまった。彼〔女〕らの何も残っていない。身体も精神も消えてしまったのである。地球は彼〔女〕らを飲み込んでしまった。宇宙的な事実との調和を見出すことができずに絶滅した動物の種と同じことが起こったのである。たしかに秘密の合法性がある。宇宙が命令したかのようである。「立ち去れ！　汝らは生きる意味を理解しなかった。汝らは未来へと届くことはないだろう」

これが残酷な法であることは疑いない。それは、共同体に反する人すべてに滅びでもって脅す古い民族の神とタブーの考えと比較できるだけである。そこでは、人間が持続、社会のために何をなしたかという貢献の永続が強調される。無論われわれはいかなる場合においても、何が永遠のために正当であって何がそうでないかを厳密にいうための鍵を持っていると見なさないほど十分に思慮深い。われわれは、われわれが誤りうるということ、完全に厳密で客観的な探求だけができるのであり、しばしば事の経過に決定を委ねなければならないことを確信している。われわれが共同体に貢献しないものを避けることができることが、おそらく既に大きな進歩である。

われわれの共同体感覚は、今日より広く及んでいる。われわれは気づくことなく、人類の未来の幸福との調和を、教育、個人と集団における態度、宗教、科学、政治における様々な、そしてしばしば誤った道において確立することに努めてきた。当然、よりよい共同体感覚を持った者こそが、未来の調和の理解に近い。そして概して社会的な根本命題は、躓く人を支えないのではなく支える道を開いた。

われわれの見方をわれわれの今日の文化生活に適用し、子どもは既にその共同体感覚の多くを、それをよいものにする介入がなければ、変えることなく生涯にわたって固定してしまうということを忘れないようにすれば、その影響は子どもの共同体感覚の発達に害を与えうるようなある全般的な状態に向けられることになる。まず戦争の事実と、それを学校の授業で賛美することが、害を与える。おそらくまだ完成していない共同体感覚の弱い子どもは、人に機械と有毒ガスと闘うことを強い、しかも可能な限りの、人類の未来のために価値のある仲間を殺すことを立派なことと感じる。そのことが可能であるような世界に対して思わず知らずに準備をしているのである。戦争ほどではないが、死刑の事実も影響を及ぼす。そのことの子どもの心への影響は、ここでは仲間ではなくてむしろ敵が問題になっているということを考慮することにしても、減ることはない。死を唐突に体験することも、協力への傾向が少ない子どもたちにとっては共同体感覚を突然止めることのきっかけになりうる。同様に少女は愛、セックス、出産の問題を無思慮なまわりの人によって恐ろしいものとして経験する恐れがある。解くことができない経済の問題は、あまりにも大きな重みで、発達する共同体感覚にのしかかる。自殺、犯罪、老人、ホームレスへの悪しき扱い、人、雇用者、宗教共同体についての先入見と不正な扱い、弱者や子どもの虐待、夫婦喧嘩、女性を何らかの仕方で劣ったものと見ようとすること、またさらに多くのこと、例えば富と出自を誇示すること、徒党支配、そのすべての社会階層への影響、これらすべては、子どもを甘やかすことと無視に並んで、仲間へと成長することに終止符を打つ。われわれの時代においては、このような危険に対しては、子どもの協力を創り出すことは別にして、われわれは今日、共同体感覚の低い段階にようやく到達したばかりであるということ、正しい仲間は全体の幸福のために悪しき状態を解決することに協力し、この解決を本当とは思えない発達の傾向や他の人から期待しないことを自分の課題として理解しなければならないということについての正しい、時宜を得た啓蒙だけが役立つ。たとえよりよい意図で引き受けられたのであっても、より高度な発達をこの悪によって、即ち、戦争、死刑、あるいは人種と宗教の憎悪によって達成しようとする試みは、次の世代において共同体感覚の絶え間ない低下と、それと共に他の悪の本質的な悪化をもたらす。それらがほとんどいつも人生、友情、愛の関係の悪化をもたらすことは興味深い。これは明らかに共同体感覚の低下を認めることができる事実である。

　私はこれまでのところで、個人は全体の部分として生き努力する時に、正しく成長することを強調した。その際、ここでは科学的な取り組みが問題になっていることを理解するための十分な材料を提供してきた。個人心理学の体系への皮相な反対は、このような見解に対しては全く意味がない。私はわれわれの機能のすべてがいかに人間の共同体を妨げず、個人を共同体に結びつけることを目指しているかについて、さらに多くのことを語り強調することができる。見るというのは網膜に触れるものを受け取り、それを豊かにすることである。単に生理学的な現象ではなく、人は受けて与える全体の部分であることを示している。われわれは見ること、聞くこと、話すことにおいて他者と結びついている。人は外界に関心を持ち、他者と結びついている時にだけ、正しく見、聞き、話すのである。理性とコモンセンスが、仲間のコントロールと絶対的真理の根底にあり、永遠の正義を目指している。

われわれの美的な感覚と見方は、おそらく自分のうちに業績へと促す最も強い活力を持つことで、進化の流れにおいて人類の幸福へ導く時にだけ、永遠の価値を持っているのである。われわれの身体的、精神的な機能のすべては、自らのうちに十分な共同体感覚を持ち協力に適している限りにおいて正しく、正常で健全に発達する。

　われわれが徳について語る時は、人が協力しているという意味であり、悪徳は、協力を妨げているということを意味している。私はさらに失敗の前兆となるもののすべては、共同体の発展を妨げるがゆえに失敗であるということを示すことができるだろう。このことは教育困難な子ども、神経症者、犯罪者、自殺者のいずれにも当てはまる。どの場合も、貢献が欠けていることが見られる。人間の歴史の全体において、他者から切り離された人間というものは見られない。人類の発展は人類が共同体であり、理想の共同体の完成を求めて努力したからこそ可能であった。そのことは、人がこの方向を見出したか否かにはかかわりなく、共同体の理想によって特徴づけられる進化の流れにおけるあらゆる運動、人間の機能に表される。なぜなら人は、必ず共同体の理想によって導かれ、妨げられ、罰せられ、賞賛され、促される。そこで、どの人もめいめいその理想からの逸脱に責任があるだけではなく、そのことを償わなければならないからである。これは厳しい法であり、残酷といっていいほどである。自らのうちに強い共同体感覚を発達させた人は、誤って進む人のために〔この法の〕厳格さを緩和する絶え間のない努力をしている。それは個人心理学が初めて証明できる根拠から、道を誤るのが人であるということを知っているかのようである。人が進化の道から逸れて、道を誤ったことを理解すれば、この道を断念し、人類と結びつくだろう。

　人間の生の問題のすべては、私が指摘してきたように、協力の能力とそれへの準備――これが共同体感覚のしるしである——を要求する。勇気と幸福はこの傾向の中に含まれており、これらを他のところで見つけることはできない。

すべての性格特性は、共同体感覚の程度を示しており、個人の考えにしたがって優越性の目標に通じる線に沿って進む。その線は、ライススタイルと織り合わされた導きの糸であり、性格を形作り、繰り返し明らかにする。われわれの言葉は、一言で精神生活の最も繊細な形成物を表現するにはあまりに貧しい。それゆえこの表現によって隠されている多様性を見逃してしまうことになる。そこで言葉にしがみつく人には矛盾が見えてきて、精神生活の統一性は決して明らかにならない。

おそらく多くの人には、われわれが失敗と呼んでいるものは、すべて共同体感覚の欠如を示しているという単純な事実が、最も強く納得されるだろう。子ども時代や成人の生活におけるすべての失敗、家族、学校、人生、他者との関係、仕事、愛における悪しき性格特性は、共同体感覚の欠如に起源がある。それらは一過性のこともあれば持続することもあり、様々な仕方で表れる。

過去と現在における個人と集団の人生を厳密に考察すると、人類がより強い共同体感覚を目指してきたことがわかる。人類がこの問題を知っており、それによって貫かれているということは、ほとんど見逃すことができない。現在われわれにのしかかっている問題は、社会教育を徹底できていないことから発している。より高度の段階に到達し、われわれの今の人生と個性の失敗から解放するよう促すものは、限られた共同体感覚である。この共同体感覚は、われわれの中で生き、その目的を貫徹しようとする。あらゆる抵抗に対して有能であることが実証されるには十分強くはないように見える。ずっと後になって、人類が十分な時間を与えられれば、共同体感覚の力が、すべての外的な抵抗に対して勝利を収めると期待することは、正当である。その時、人は共同体感覚を息のように外に出すだろう。その時までは、このことが必ず起こるということを理解し教えるしかない。

付録　カウンセラーと患者

患者の第一印象

最も初期の子ども時代に形成されるライフスタイルの統一性についてのわれわれの根本見解は、私が既に私の研究の最初に理解することなく知っていたものだった。その見解は、患者が治療に現れると自分ではあまり知ることなくパーソナリティをすぐに明らかにするということを、私が仮定することを可能にした。患者にとってカウンセリングは、対人関係的な課題である。人が他者と出会うことはどれも、対人関係的な課題である。誰もが自分の運動法則にしたがって自己紹介をする。知識のある人は、しばしば最初に見た時に、他の人の共同体感覚について何かをいうことができる。うわべを装うことは経験のある個人心理学者にはあまり役立たない。患者はカウンセラーから多くの共同体感覚を期待する。なぜなら経験によれば、患者からは多くの共同体感覚を期待できないからであり、多くを要求しないだろうからである。

この考察においては本質的に二つの根拠に支えられている。一つは通常共同体感覚のレベルは高くないということ、もう一つは大抵の患者は子どもの時に甘やかされており、後になっても虚構の世界から離れることはないということである。人が「なぜ私は隣人を愛さなければならないのか」とたずねることを多くの読者がショックを受けることなく受け止めることはまったく驚くにはあたらない。結局のところカインは似たような問いを立てたのである。

まなざし、歩き方、近づく時の強さあるいは弱さから多くのことを推測することができる。例えば決まった席や寝椅子につくことや、一定の時間厳密にすわらせることにしてしまうと、多くのことを見逃すことになる。最初のカウンセリングはまったく予断を交えずにそのことが既に試験でなければならない。握手の仕方さえ特定の問題を示唆するかもしれない。甘やかされた人は、どこかにもたれることを好む。子どもであれば付添いの母親にもたれかかるのが見られる。しかし推測の能力が問題になるあらゆることと同様、この場合も硬直した規則〔の適用〕を避け、吟味しなければならない。むしろ人が考えていることを患者の過敏さを傷つけることなく、後に適当な形で理解できるように使えるように、自分のためにとっておくのが望ましい。

するべきこととしてはいけないこと

時には患者に特定の席を指定しないで、どこにでもすわるようにいうことができる。医師やカウンセラーへの距離は、ちょうど学校の生徒の場合と同じく、患者の本質について多くのことを明らかにする。

さらにカウンセリングで、社会においてさえ蔓延している通俗的な心理学を厳格に禁じ、〔治療の〕最初に患者や家族からの質問に機械的に答えることを避けることも重要である。個人心理学者は自分の推測の能力に熟練していることは別にして、それに熟練していない他の人にも〔推測の正しさを〕立証しなければならない。カウンセリングを受ける人の親や家族の前で、疑わしい態度を見せるべきではない。
むしろケースを引き受けるつもりがないとしても、まったく絶望的なケースにおいて重要な理由が真実を語ることを要求するのでなければ、検討に値するものとして決して絶望的であるというべきではない。

私は患者の動きを妨げないことに利点を見る。望むままに立ち上がったり近づいたり離れたり、煙草を吸わせるのがいい。時には私は患者に私の前で眠ることも認めた。そのことが私の仕事を妨げるためであってもである。私には、このような態度は、患者が敵対的な言葉で表現したのと同じほど明瞭な言語だった。患者が目を逸らそうとすることは〔患者と医師を〕結びつける協力作業にあまり関わりたくないという傾向をはっきりと示している。このことは患者がまったく話さないか、少ししか話さないか、また肝心なところに触れない時、また絶え間なく話すことでカウンセラーが話すのを邪魔する時にははっきりする。

個人心理学は、他の心理療法とは違って、眠くなったり眠ること、あくびをすること、〔患者への〕関心がないことを示すこと、厳しい言葉を使うこと、性急な助言をすること、自分を最後のよりどころとすること、時間を厳守しないこと、喧嘩をすること、たとえどんなわけがあっても治癒の見込みがないと説明すること（大きな困難が生じた時には、自分にはこのケースは扱えないと説明し、他のおそらくより有能な人に相談するように指示するのが望ましい）を避ける。

自分が権利があるようにふるまうどんな試みも、治療を失敗へと導き、いばることも治療の妨げになる。カウンセラーは、最初から治療の責任は患者の側にあることを明らかにするように努めなければならない。なぜなら英語のことわざが正しくいっているように「馬を水のあるところへ連れて行くことはできるが、馬に水を飲ませることはできない」からである。

治療と治癒をカウンセラーのではなく、患者の成功と見なすことを厳格な規則とするべきである。カウンセラーは誤りを示すだけであり、真理を生きたものにするのは患者でなければならない。われわれが見てきたあらゆる失敗のケースにおいて、失敗は協力の欠如によるので、まず最初に患者がカウンセラーと協力することを促すあらゆる手段を利用するべきである。このことが、患者が医師を信頼できる時にだけ可能であるということは、明らかである。それゆえこの共同体感覚を高めようとする協力作業は、最初の真摯で科学的になされる試みとして、ことのほか重要である。

しかし、長く続く劣等感があり、患者が医師をあまり信頼していないことが明らかになる時に、他のカウンセラーが抑圧された性的要素を絶え間なく示唆することで、フロイトが積極的な転移と名づけた精神的な流れを人為的に呼び起こすことはとりわけ厳格に避けなければならない。これはまさしく精神分析の治療において求められることであるが、そのことによって新たな問題が生じるだけであり、この人為的に引き起こされた状態は、再び消さなければならないのである。患者が自分の行動に十全な責任を引き受けなければならないということを学んだら、カウンセラーは、ほとんど甘やかされた子どもといっていい、甘やかされることに飢えている患者に、満たされることのない欲求を安直で直接に満足することを約束するように見える罠に陥らせることを容易に避けることができる。

概して甘やかされた人には、満たされていない、あるいは満たすことができない欲求は、抑圧のように見えるので、私はここでもう一度はっきりといいたい。個人心理学は、正当なものであれ、そうでないものであれ、欲求を抑圧することを要求しないのである。むしろ個人心理学は、正当でない欲求は、共同体感覚に違反すると認められなくてはならず、抑圧によってではなく、共同体感覚を増すことによって、消すことができるということを教える。

ある時私は、弱っていた男性に実際に強迫された。彼は統合失調症を患っており、私の治療を受ける三年前に既に治癒不可能だと説明されていたが、私は完全に治した。私はその時彼が私にもきっと拒絶され追い出されると予想していることを知っていた。彼はそのことを子どもの頃から自分の運命だと思っていた。彼は三ヶ月もの間、治療中、沈黙を守った。私はこの機会を利用して、私が彼の人生について知っている限り、注意深く説明をした。私は、彼が沈黙していることも、それと似た行動も、反抗的な傾向であることがわかった。そして彼が殴ろうとして私に手を挙げた時、彼の行動の最高点に向き合った。私は瞬時に抵抗しないでおこう、と決心した。彼はさらに攻撃をした。その時、窓がこなごなに砕け散った。私は患者の少し出血した傷に友好的な態度で包帯をした。私はこのような場合どうするかを友人に委ねることができる。この場合からも規則を作ることはできない。このケースでの成功を確信した時、私は患者にたずねた。「どうだろう？　あなたを治すために二人が何をすればうまくいくと思うかね」。私が得た答えは私が関係する仲間には強い印象を与えるだろう。そして風車に対して攻撃する、あまり健全でない心理学者と精神科医によるあらゆる攻撃を真面目に取り合わなくていいことを私に教えた。彼は答えた。「それは非常に簡単だ。私は生きる勇気をすっかりなくしていた。でも話している間にまた勇気を見つけた」。勇気は共同体感覚の一面であるという個人心理学の真理を知っている人は、この男性の変化を理解するだろう。

患者は、あらゆる状況で治療に関しては絶対的に自由であるという確信を得なければならない。患者は望むことを何でも、することもしないこともできる。ただ治療が始まると症状からの解放が始まると信じさせることは、避けるべきである。癲癇の患者の家族が、最初の診察の際に、他の医師から、一人で放っておけばもはや発作は起きない、といわれた。結果は最初の日に通りで激しい発作に襲われ、下顎が打ち砕かれることになった。これほどは悲劇的ではなかったケースもある。ある若者が盗癖の治療に精神科医のところにきた。そして最初の診察の後、医師の傘を持ち去った。

私はさらに次のような提案ができる。患者に、彼〔女〕と話したことは誰にも話さない、と約束しなければならないということである。そしてこの約束を守らなければならない。反対に患者には誰でも適当と思う人に何でも自由に話せるようにしなければならない。おそらく時には患者が一緒にいる時に、医師の説明を通俗心理学に陥るために用いる危険もあるが（「人は何と短い腸を持っていることか」）、友好的な話し合いで毒気を抜くことができる。

あるいは続いて家族への不満が語られるかもしれない。このことは予想していなければならない。これまでは家族は彼〔女〕をその行動ゆえに責めてきたが、しかし治癒したと感じたら、ただちに家族は責めなくなることをわからせるためである。さらに患者に、家族は、患者自身が持っている以上の知識を期待できないこと、環境の影響を自分の誤ったライフスタイルを発達させるために、自分の責任で構成要素として利用してきたことも指摘しなければならない。患者の親が誤っている場合は、最終的な誤りのゆえに、親は自分の親の誤りに、その親はさらにその親の誤りに訴えることができるということ、それゆえ罪は患者のいう意味では存在しないことを指摘するのがいい。

倫理問題

カウンセリングにおいては、〔カウンセラーは〕個人心理学の仕事は、自分自身の名声と利益に役立つという考えを持たないことが重要である、と私は思う。患者を獲得するための勤勉さと激烈さは、害をもたらすだけである。他のカウンセラーに対する否定的な、あるいは悪意のある発言も同様である。

一つ例をあげれば十分だろう。ある男性が私のところに神経症的な疲れを治すためにきた。この疲れは失敗を恐れることの結果であることが明らかになった。彼は私に別の精神科医も薦められており、その医師も訪ねるつもりだ、と伝えた。私は彼に住所を教えた。次の日、私のところにきて、その医師のところを訪ねた時のことについて話した。その医師は病歴を取った後で、水冷浴療法を勧めた。もう五回もこのような療法をしてきたがうまくいかなかった、と答えた。医師はうまく管理した状態で六回目の療法を受けるようにといい、強く勧めたので、患者はそこでも二度も冷水浴療法をしたのにうまくいかなかったことを伝え、私のところで治療を受けたい、と付け加えた。精神科医はこれに反対し、アドラー博士は何かを示唆するだけだ、といった。患者は答えた。「おそらくアドラー先生は私に私を治す何かを示唆するでしょう」。そういって暇を告げた。

もしもこの精神科医が、個人心理学が認められることを邪魔をするという欲求にとりつかれていなかったら、おそらくこの患者が私のところにくることを引き留めることができないことがわかっただろうし、患者の発言が適切であることを理解したであろう。しかし私は、私の友人に、患者にたとえ正当であっても否定的な発言をしないことをお願いしたい。正しくない考えを正し、それを正しい見解に置き換える場は、おそらく科学的な手段を持った自由な科学の場において求められるべきである。

最初の話し合いの時に、患者の側に治療にくるかどうかという疑いが生じたら、決定は数日の間患者に委ねるのがいい。治療がどれくらい続くかというよくある質問には、簡単に答えることができない。私はそのような問いは正当だと思う。治療にやってくる人の大部分が八年も治療を続けたが、うまくいかなかったという話を聞いたことがあるからである。個人心理学の正しく行われた治療であれば、少なくとも三ヶ月以内に成果を認めることができるだろうが、大抵はもっと早い。しかし成功は患者に依存するので、最初から共同体感覚への門を開くために、〔カウンセリングの〕継続は患者の協力に依存すること、医師はおそらく既に個人心理学においてしっかりとした足場を確立した時には、三十分後には方向を見出しているが、しかし患者も自分のライフスタイルとその誤りを認めるまで待たなければならないことを強調するのが、正しいカウンセリングの手順である。さらに次のことを付け加えることができる。「あなたが一週間、あるいは二週間後にわれわれが正しい道を歩んでいることを確信していないのなら、私は治療を断念する」

　避けることのできない料金の問題は困難をもたらす。私は以前の治療でかなりの財産を失った患者を受け入れてきた。土地に慣行の料金に従うことになるが、どの治療においても割り増しの労力と時間を考慮に入れてよい。しかし共同体感覚を促すのに役立つよう法外に高い要求は、とりわけ患者に害を与える時には、断念すべきである。無料の治療は、貧しい患者がおそらく大抵のケースにおいて注目を向けるような関心が自分には持たれていない、と感じることがないように注意して行われるべきである。一括払いはそれが可能な場合であっても、また治療が成功したら支払うという約束も断らなければならない。後者が不確実だからではなく、そのことによって新しい動機が人為的に医師の患者への関係において持ち込まれ、そのことが〔治療の〕成功を困難にするからである。支払いは週ごとあるいは月ごとに、常にその最後にされるべきである。どんなものであれ要求や期待することは常に治療の害となる。患者自身がよく提供を申し出るちょっとした親切も断らなければならない。贈り物も友好的に断らなければならない。あるいはそれを受け取るのは、治療が成功するまで延期するべきである。治療が行われている間は、互いを招待したり、あるいは一緒にどこかを訪ねることはしてはならない。

親戚や知人の治療は困難なものになる。もしかしたらあるかもしれない劣等感が知った人の前では抑えられるということは自然なことだからである。治療者の方も患者の劣等感をはっきりとたどることを嫌うであろうし、その際、患者を楽にするのにあらゆる努力をしなければならない。

個人心理学におけるように、治療の際、生まれつきの欠点ではなく常に誤りを、治療の可能性と対等であること、共同体感覚が全般的に低い状態にあることを指摘することができるという幸運があれば、緊張はかなり緩和し、なぜ個人心理学が他の流派のように大きな抵抗の跡を見ないかを理解させることができる。個人心理学の治療においては危機に至らないことを容易に理解できるだろう。そして基礎がしっかりしていない個人心理学者、例えばキュンケルが、危機――患者のショックと後悔を必然と見なしているとすれば、それはまず第一に、人為的にそれを余計なこととして呼び起こしているからである。またおそらくはそのことで教会にいい顔をしなければならないと誤って信じているからである。私は治療の際、緊張のレベルを可能な限り低く抑えることは大きな利点である、と見なしてきた。そして私は、ほとんどどの患者にも、その人に固有の神経症の構造に完全に匹敵するユーモラスな状況があり、神経症を軽く見なすことができるということを患者に話すことを方法にまで発達させた。あまり才気に富まない批評家たちには、このようなユーモアは劣等感（これをフロイトは目下並外れて啓発するものと見ている）をよみがえらせることにはならないという当たり前のことをいうことになろうとはっきりと語らなければならない。寓話、歴史的人物、詩人や哲学者の言葉は、個人心理学への信頼とその理解を強化するのに役立つ。

補足

毎回の面接において患者が協力の道を歩んでいるか、念頭に置くべきである。どんな顔つき、表現、持ち出された、あるいは持ち出されなかった〔話の〕材料が、そのことの証拠になる。同様に、夢の徹底的な理解は、成功、失敗、協力〔の程度〕を評価する機会を提供する。しかし患者を何かの行為へと刺激することに特別な注意がされなければならない。そのことについて話が出れば、当然一般に危険と見なされている企ては排除しなければならないが、賛成も反対もするべきではない。そしておそらく成功について確信しているが、患者が実際に既にそのことに用意ができているか全面的に判断できないというべきである。十分な共同体感覚を獲得する前に、仕事へと拍車をかけることは、大抵症状の強化あるいは再発によって復讐されることになる。

　仕事の問題では強く出てもいい。しかし、これは仕事に就くことを促すべきであるということではなく、患者はこれやあの仕事に最もよく準備ができており、その仕事で何かを成し遂げることができる、と指摘することによってである。治療におけるどの段階においても、勇気づけの方向が保たれなければならない。この勇気づけは、その構造についてわれわれはあまり語ることができない驚くべき最高業績は別にして、誰でも何でも成し遂げることができるという個人心理学の確信においてなされる。このように確信することによって、不安定で自分は無価値だと思っている多くの人が、はっぱをかけられたと感じた。

　診察にきた子どもを最初に調べることに関しては、私と私の協力者が作成した質問表（『教育困難な子どもたち』付録を参照）がこれまでのところ最善である、と考えている。無論、十分な経験があり個人心理学の見解について正確な知識を持ち推測の能力を十分鍛錬している人だけが、それを正しく扱うことができる。それを用いる時、再び次のことを認めることになるだろう。人間の特性を理解する技術は、すべて子ども時代に形成された個人のライフスタイルを理解し、その形成の際に働いた影響を認め、このライフスタイルが人類の共同体の問題に取り組む時に作用していることを見ることにあるということである。

解説

本書は、Adler, Alfred. *Der Sinn des Lebens.* Fischer Taschenbuch Verlag, 1980（Original: 1933）の全訳である。これは一九三七年に急逝したアルフレッド・アドラーの最後の大作である。一年後、一九三八年には、本書は、*Social Interest: A Challenge to Mankind* という題で英訳が出版された。後にはアメリカでも同名で一九三九年と一九六四年に出版され、近年では古い英語が改められ、見出しがつけられた英訳も出版されている（*Social Interest, Adler's key to the meaning of life*, edited by Colin Brett, Oneworld Publication, 1998）。理由は判然としないが、英訳は原文を大幅に削除している。本書は、ドイツ語原著に拠る。

アドラーは難しい

アドラーの著作は、概して、専門用語を使わない、非常にわかりやすいものなのだが、学び始めた最初の頃とは違って、学べば学ぶほど、アドラーが書いていることは見かけほどは簡単ではないと思うようになった。実際、アドラーが、自身が個人心理学と呼び、今日創始者の名前を取ってアドラー心理学と呼ばれる心理学について、この心理学を知っている人には、それがいかに難しいかわかるだろう、といっている。しかし、アドラーがここでいう難しさは、言葉に由来するのではなく、個人心理学の新しさにより、その新しさをアドラー自身も気づいてはいなかったのではないか、と私は考えている。

科学としての個人心理学

アドラーは共同体感覚（Gemeinschaftsgefühl）という考えを提唱した。ところがそのことによって、アドラーは多くの友人を失うことになった。アドラーは個人心理学は科学である、といった。しかし、当時、そしておそらくは今日も、科学である以上、没価値的でなければならない、という一般的な考え方の中にあって、個人心理学は、本書で明言されているように、価値の心理学、価値の科学である、とアドラーはいったのである。個人心理学の鍵概念である共同体感覚は、なによりも、それが価値の心理学であることをはっきりと表している。

理想主義者アドラー

共同体感覚は「規範的な理想」といわれている。この共同体感覚は、それとほぼ同義でほとんど区別なく使われるMitmenschlichkeitという言葉が示しているように、人と人（Menschen、「人」Menschの複数形）とが結びついている（mit）というのが、本義である。

ところがアドラーは、人と人とを反目させる（gegen）という意味での戦争を始めとする人類の愚行をその目でつぶさに見てきたはずなのである。戦争だけではない。本書で名前が言及されるダーウィンがいう適者生存、あるいは、その前提である競争は、およそ人と人を反目させることはあっても、結びつけることはない。競争の最たるものが戦争である、ということもできる。そのアドラーが、なぜ競争ではなく、協力を前提とする、隣人愛といってもいい共同体感覚を説いたのか。

共同体感覚が「理想」だからである。理想は現実とは乖離しているが故に、それを掲げる意味があるのである。アドラーは、軍医として参戦した戦場での悲惨な現実を目の当たりにしたからこそ、そのような現実を回避するために理想を語ったのである。このようなアドラーの理想主義を、現実を説明することに終始する事後（post rem）論理に対して、事前（ante rem）論理ということができる。事後論理に現実を変える力はない。アドラーは、アドラーに影響を与えたマルクスの言葉通り、ただ世界を解釈するだけではなく、世界の変革を意図し、そのために共同体感覚という「新しい理想」を掲げたのである。

形而上学としての個人心理学

アドラーは、個人心理学は形而上学である、という。直接理解できないことを人間の生から排除したい人は、形而上学としての心理学を批判するだろう。たしかに「新しい理想」は、直接の経験のかなたにある。しかし、直接の経験からは、何も新しいものは見出されない。アドラーにとっての直接の経験は、先に見たように、個人レベルでいえば、競争であり、憎しみであり、国家レベルでは、戦争だった。アドラーが、そのような事実にのみ目を向けていれば、共同体感覚という思想は決して生まれるはずはなかった。

たしかに、例えば、共同体感覚がその理想の形で現実に見出されるわけではない。本書においても随所で論じられているこの共同体感覚は、他者にどれだけ関心を持っているかの尺度であり、他者が自分に何をしてくれるかではなく、自分が他者に何ができるかということに関心があるということである。このような関心を持てるためには、他者を「敵」(Gegenmenschen) ではなく「仲間」(Mitmenschen) と見なし、この世界を基本的に安全な場と見ることができなければならない。このような意味での共同体感覚は、たしかに現実には見出されることはない。

しかし、理想は、目標として、われわれに方向を与えるという意味で有用である。人生は、そもそも目標に向けての動きであり、「生きることは進化すること」である。そして、その目標は、人類全体にとって「永遠の相の下で」(sub spece aeternitatis) の完成に導くものでなければならないのである。

そこで、たとえ理想が現実に見出されなくても、あるいは、むしろアドラーが適切に指摘するように、われわれが絶対的真理に恵まれてはいないからこそ、人は現実をそのままの形で認めることなく、少しでも理想に近づくべく努力できるのであり、努力しなければならないのである。これは個人の人生についても同じである。現実を肯定し、それを超える努力をしない人生は、停滞以外の何ものでもない。

コモンセンスを超えて

人はこのように絶対的真理に恵まれていないが、そのことは絶対的真理が「ない」ということにはならない。各自が私的知性にもとづいて生きるのであれば、他者との共生が困難なものになることは明らかである。そこで、アドラーはこの私的知性に対比して、人が判断や行動の基準とする「コモンセンス」を持ち出す。これは自分にも共同体にも「コモン」(共通、普遍的) で有用な意味づけという意味であるが、いわゆる常識ではない。何が真にコモンでありえるかは、絶えず絶対の真理に照らして検証していかなければならないのであって、既成の価値を無条件に肯定するわけにはいかない。例えば、不登校の子どもにとって学校に戻ることが、あらゆる状況において必ず正しいというところから出発するのではなく、そうすることが本当に当該の子どもにとっていいことなのかどうかという検証をしなければならないということである。

　保守的な考えの人には、アドラーの考えは、常識に反するという意味で、時に非常に急進的に見えることがあるだろう。他方、アドラーが、共同体感覚について論じ、他者への貢献の意義を強調することは、利己主義が蔓延するように見える今日、アドラーの思想は保守的であるように見えないことはない。

　人がこの人生をどのようなものと見るか、あるいはどう生きていくか（これがアドラーがいう「人生の意味（Sinn, Meinung）」である）はどのようなものであってもいいようにも思えるが、先にも見たように、まったくの私的な意味づけであれば、他者との共生は不可能である。アドラーは、「絶対」ではないが、「コモンな」意味づけ（common sense）の中核に、さらにそれを超えていくものとして、共同体感覚を据えているのである。

　しかし、アドラーが共同体感覚という場合の「共同体」は、到達できない理想であって、決して既存の社会、国家ではないということは、いくら強調してもしすぎることはない。本書においては、「人類が完全の目標に到達した時に考えるような、永遠のもの」「決して現在ある共同体（Gemeinschaft）や社会（Gesellschaft）が問題になっているのではなく、政治的なあるいは宗教的な形が問題になっているのでもない」といわれている。もしもアドラーのいう共同体をこのようなものとして考えなければ、人は全体の一部であるというような表現をするアドラーの思想は、容易に全体主義と解されてしまうことになるだろう。

共同体をめぐって

アドラーがいう共同体が「ゲマインシャフト」（Gemeinschaft）であることに注目したい。通常、ゲマインシャフトと対比されるゲゼルシャフト（Gesellschaft）は、目的社会、利益社会ともいわれる、人為的に形成された社会である。テンニースは、ゲマインシャフトの方を、家族など成員が感情的に融合し、全人格で結合する社会という。こちらは、自然的な共生関係が基本である。

八木誠一は、イエスの言葉が文字通り行われる社会を報いを全く求めない純粋の「贈与型」社会と呼んでいるが（『イエスと現代』平凡社）、これはゲマインシャフトと似ているが、それとの決定的な違いがあることにも注意している。

「思うにこの違いはまことに決定的である。というのは、ゲマインシャフトは内部では仲が良いが、外に対しては閉鎖的で、そのメンバーとなるのは通常、大変難しいものだ。また、内部では争いがなくても、外部には差別的・敵対的となりやすいものである」。メンバーでない者には「よそ者」「敵」というレッテルを貼ってしまう。しかし、イエスの場合は「善きサマリア人の例え話」（『ルカ福音書』十章三十〜三十七節）が示しているように、イエスのいう愛の対象としての隣人は、善きサマリア人にとっては、自分たちを差別冷遇するユダヤ人、「よそ者」「敵」だったのである。

「ここにイエスの語る人間関係とゲマインシャフト的人間関係との違いがある。つまりゲマインシャフトとは違って、イエスの場合はコミュニケーションに対して無限に開かれているのである」

アドラーがいう共同体は、この説明からすると、通常いわれる共同体ではなく、贈与型社会に相当するだろう。アドラーが「敵」（Gegenmenschen）に対して「仲間」（Mitmenschen）といい、人と人の（Menschen）結びつき（mit=with）を問題にする時、その人は閉鎖的な社会の範囲の外にある人であっていいわけである。この意味からも、アドラーのいう共同体は新しい思想であった。

価値の科学――目的論

以上の意味での共同体や共同体感覚を説くことは、明らかに特定の価値観に基づいた一つの世界観を選択することであり、これは科学ではないと考えた人たちがアドラーから離れていったのである。もとより、アドラーのこの考え方が絶対的に正しいというわけではなく、絶えず、その正当性は検証していかなければならないが、アドラーは、絶対的真理としてではなく、絶対的真理に近接した考えとして共同体感覚という考えを提唱したのである。

アドラー心理学は、このように価値の心理学であるが、そもそもアドラー心理学を根本的に区別する目的論においては、価値を問題にしないわけにいかない。ある動きが機械的、あるいは、因果的にとらえられるのではなく、それが行為といわれるためには、まず、行為に先立って意図を抱き、目的あるいは目標を立てなければならない。この意図や目的ははっきりしているわけではなく、無意識的なこともあるが、それは必ず「善」でなければならない。ここでいう「善」は、必ずしも道徳的な意味ではなく、自分にとって〈ためになる〉という意味である。これが価値であることはいうまでもない。不正を行う人でも、そのことが自分のためになると考えなければ、不正を選ぶはずはないのである。不正が本当に善なのかは問題にされなければならないわけだが。

アドラーにとって、共同体感覚は、この目的を達成するための手段として考えられたものである。

共同体感覚は、このように規範として人を導くものであり、たとえ現実に見出されることがなくても、その意義が高まりこそすれ、薄れることはない。

事前論理

話を戻すならば、アドラーにとって重要なことは、その心理学は理想を掲げたものであって、単に現状を事後的に説明する、事後論理の心理学ではない、ということである。それは人を導く「事前論理」として機能するものである。しかし、もとより、この論理が誤っていれば、人は正しく導かれることはない。ところが、本書においても問題にされる神経症者は、いわば事後論理のエキスパートである。外生要因を神経症の原因と見る、およそあらゆる原因論は、事後論理以外の何ものでもない。

しかし、カウンセリングにおいて重要なことは、これまでどうだったかということではなく、これからどうするかだけである。そのためには、人を正しく導くことができる論理を身につける援助をすることが必要であって、このような論理の習得から離れて、ただ症状を除去したり、あるいは、症状の原因を分析する（その分析は、すべて事後論理を導き出すことに終始することになる）ことを、アドラーはカウンセリングとはいわない。

反決定論

アドラーが事前論理としての理想を語ることができたこと、またカウンセリングに即していえば、予防が重要であるといえたのは、人間への限りない信頼を持っていたからである。いい換えれば、アドラーは、人は変わりうるということを信じていたということである。

ところが、多くの心理学は決定論に立っている。症状や問題行動には原因があって、原因となる過去の出来事や外的な事象がそれらを引き起こすという考え（原因論）においては、その原因を除去する以外には治療の手だてはないが、もとよりそのようなことは不可能である。どんなことがあっても過去に遡ることはできないからである。

しかし、目的は未来にある。未来は変えることができる。未来だけは変えることができる。アドラーは、神経症や問題行動は、何かを原因として起こるのではなく、対人関係の問題であり、対人関係の中での誤った目的のために必要とされる、と考える。本書において随所で扱われているように、甘やかされた子どもを始めとして、自分に価値を認めることができない多くの人が、適切ではない仕方で自分への注目を得ようとして、消極的なタイプの人は神経症になり、積極的なタイプの人は問題行動をすることを選ぶわけである。

そうであるなら、過去に遡ってそれらの原因を探るのではなく、対人関係のあり方を変え、誤った仕方で身につけられたライフスタイル（問題への対処方法のパターン、あるいは、自分や世界についての意味づけ）を変えればいい。そこで、アドラーの提唱するカウンセリングは、原因論に立つ心理学とは根本的に異なったものになる。アドラーは、治癒は知的な方法によってのみ、即ち、患者が自分の誤りの洞察を増すこと、共同体感覚を発達させることによって成し遂げられる、といっているのである。外生要因によってすべてが決定されるわけではなく、人には自由意志があって、たとえ、最初は無意識的に身につけられたライフスタイルではあっても、それが意識化され、再教育としてのカウンセリングを通してその誤りが洞察され、さらに規範としての共同体感覚を学べば、人が元々のライフスタイルから脱却することは必ず可能なのである。

勇気づけ

このことこそが、アドラーがいう「勇気づけ」である。この勇気づけは、

「治療におけるどの段階においても、勇気づけの方向が保たれなければならない。誰でも何でも成し遂げることができるという個人心理学の確信においてなされる」

原因論の立場では、決して、誰でも何でも成し遂げることができるとはいえないであろう。アドラー心理学においては、治療、育児、教育は、すべて、勇気づけに始まり、勇気づけに終わるといっていい。

本書においてある患者が、「生きる勇気」（Der Mut zum Leben）をすっかりなくしていたが、アドラーと話している間に、またその勇気を見つけた、といっている。病気ではなくとも、われわれは時にこの生きる勇気を見失いそうになることがあるのではないか。本書を読むことが、生きる勇気を得るきっかけになれば幸いである。

本書が成るにあたって、今回も多くの人のお力添えをいただいた。就中、野田俊作先生の長年にわたる学恩に感謝したい。

また、今回も出版の機会を与えてくださったアルテの市村敏明さんに感謝したい。アルテからは、病床で校正した『アドラーを読む——共同体感覚の諸相』を出版した。これは私のアドラー解釈の集大成というべき本である。本訳書と合わせて参照していただければ、と思う。

二〇〇七年九月二十四日

岸見　一郎

◆著者

アルフレッド・アドラー（Alfred Adler）

1870年—1937年。オーストリアの精神科医。1902年からフロイトのウィーン精神分析協会の中核的メンバーとして活躍したが、1911年に学説上の対立から脱退した。フロイトと訣別後、自らの理論を個人心理学（Individualpsychologie, individual psychology）と呼び、全体論、目的論などを特色とする独自の理論を構築した。ナチズムの台頭に伴い、活動の拠点をアメリカに移し、精力的な講演、執筆活動を行ったが、講演旅行の途次、アバディーンで客死した。

◆訳者

岸見　一郎（きしみ　いちろう）

1956年、京都府生まれ。京都大学大学院文学研究科博士課程満期退学（西洋哲学史専攻）。専門はギリシア哲学、アドラー心理学。著書に『アドラーを読む』『アドラーに学ぶ』（ともにアルテ）、訳書にアルフレッド・アドラーの『人生の意味の心理学』『個人心理学講義』『人間知の心理学』『人はなぜ神経症になるのか』『子どもの教育』『教育困難な子どもたち』『子どものライフスタイル』『個人心理学の技術Ⅰ・Ⅱ』（以上アルテ）エドワード・ホフマンの『アドラーの生涯』（金子書房）などがある。

生きる意味を求めて〈新装版〉——アドラー・セレクション

2007年12月25日　初　版第1刷発行
2023年 9月25日　新装版第1刷発行

著　者　アルフレッド・アドラー
訳　者　岸見　一郎
発行者　市村　敏明
発　行　株式会社　アルテ
〒170-0013　東京都豊島区東池袋2-62-8
BIGオフィスプラザ池袋11F
TEL.03（6868）6812　FAX.03（6730）1379
http://www.arte-pub.com
発　売　株式会社　星雲社
（共同出版社・流通責任出版社）
〒112-0005　東京都文京区水道1-3-30
TEL.03（3868）3275　FAX.03（3868）6588
装　丁　Malpu Design（清水良洋＋佐野佳子）
印刷製本　シナノ書籍印刷株式会社

ISBN978-4-434-32428-4 C0011 Printed in Japan